Walter Mühlhausen

Friedrich Ebert

W0271005

DIETZ

Bibliografische Information der Deutschen Nationalbibliothek
Die Deutsche Nationalbibliothek verzeichnet diese Publikation in der Deutschen Nationalbibliografie; detaillierte bibliografische Daten sind im Internet über http://dnb.dnb.de abrufbar.

ISBN 978-3-8012-4248-0
1. Auflage 2018

Verlag J.H.W. Dietz Nachf. GmbH
Dreizehnmorgenweg 24, 53175 Bonn
Umschlag: Jens Vogelsang, Aachen
Layout: Petra Strauch, Bonn
Druck und Verarbeitung: CPI books, Leck

Besuchen Sie uns im Internet: *www.dietz-verlag.de*

Inhalt

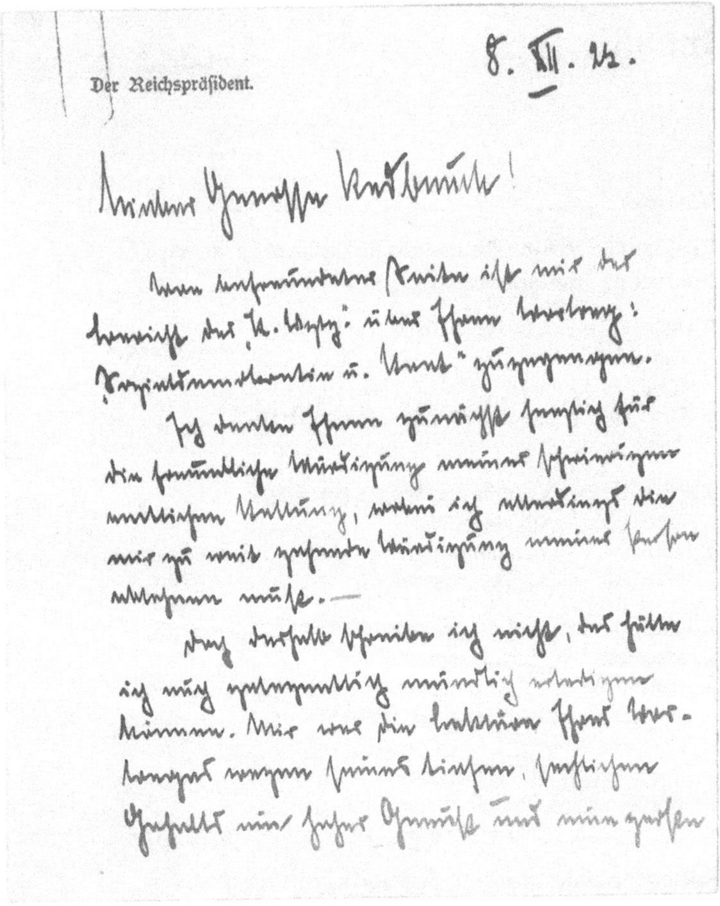

Der Reichspräsident.

8. XII. 23.

Erste Seite eines Briefes von Friedrich Ebert an Gustav Radbruch vom 8. Dezember 1923 mit Dank für einen Artikel Radbruchs über Eberts amtliche »Stellung«, »wobei ich allerdings die mir zu weit gehende Würdigung meiner Person ablehnen muß« (siehe S. 128).

Vorwort

Der vorliegende Überblick basiert im Wesentlichen auf meiner 2006 erschienenen biographischen Funktionsanalyse »Friedrich Ebert 1871–1925. Reichspräsident der Weimarer Republik«. Freilich sind neuere Forschungen eingeflossen, auch wenn die Monographie, in deren Zentrum die Präsidentenzeit rangierte, in den grundlegenden Aussagen keiner Revision bedarf. Allerdings haben die letzten Jahre unter Beweis gestellt, wie hartnäckig Klischeebilder sein können und einmal gefällte Urteile ungeachtet neuer Quellen und neuer Erkenntnisse ungeprüft weiter kolportiert werden. Manche werden in dem hier möglichen Rahmen aufgegriffen und diskutiert. Wer Gedankenführung und Wertungen der vorliegenden Darstellung überprüfen will und detaillierte Literatur- und Quellenbelege sucht, sei auf die seit 2007 in zweiter Auflage vorliegende umfassende Abhandlung verwiesen.

Im Gegensatz zu meiner Skizze aus dem Jahr 2008 (mit dem Untertitel »Sozialdemokrat und Staatsmann«), die den Vorgaben einer Reihe unterworfen war und unter regionalem Aspekt stand, finden sich in der vorliegenden, erheblich breiter konzipierten Betrachtung auch Fußnoten, die jedoch grundsätzlich nur die direkten Zitate vor allem Eberts belegen und neue veröffentlichte und unveröffentlichte Quellen anführen. Erwähnung findet jüngere Literatur, sofern sie von direkter Relevanz für die Biographie Eberts ist.

Nach wie vor ist das historische Bild Friedrich Eberts ein uneinheitliches, auch wenn über die Zeit hinweg Einebnungen erfolgten. Dieser Band will Angebot sein zur Auseinandersetzung mit einem der Gründer der deutschen Demokratie.

Neckarsteinach, im Juni 2017 — Walter Mühlhausen

Ein Hoch auf das neue Staatsoberhaupt vor dem Weimarer Theater: nach der Wahl von Friedrich Ebert zum Reichspräsidenten am 11. Februar 1919.

Prolog

Ein Meilenstein – ein Sozialdemokrat wird deutsches Staatsoberhaupt

Wir schreiben den 11. Februar 1919; Ort der Handlung: Weimar. Auf der Tagesordnung der Nationalversammlung steht die Wahl des Reichspräsidenten. Es gilt als sicher, dass Friedrich Ebert, einer der beiden Vorsitzenden der Sozialdemokratischen Partei Deutschlands (SPD), der mit weitem Abstand stärksten Fraktion, das Rennen machen wird. Als Kopf der seit dem 10. November 1918 amtierenden Revolutionsregierung hat er fünf Tage zuvor das erste demokratische Reichsparlament mitten im Herzen Deutschlands eröffnet. Weil es an diesem 11. Februar die insgesamt fünfte Abstimmung der Nationalversammlung ist, begeben sich zunächst die Mandatsträger, deren Nachname mit »E«, dem fünften Buchstaben des Alphabets, beginnt, zur Stimmabgabe. Zwangsläufig wird der 48-jährige Ebert zuerst aufgerufen. Das führt zu allgemeiner Heiterkeit im Saal und verursacht auch bei ihm einiges Schmunzeln. Nach halbstündiger Auszählung steht das Ergebnis fest: Auf Ebert entfallen 277 von 379 abgegebenen Stimmen.

Das liberale »Berliner Tageblatt« kommentiert tags darauf: »Fritz Ebert, der in der Jugend sich dem Sattlerhandwerk gewidmet hatte, steigt nun also auf den Thron. [...]. Er hat [...] sehr gewinnende und sehr wertvolle Eigenschaften, und vor allem diese volkstümliche Wärme und diese tiefwurzelnde Ehrlichkeit. Er ist kein leuchtendes Genie, [...] aber verkörpert den sogenannten gesunden Menschenverstand. [...] Dabei hat er jene kaum bemerkbare Geschicklichkeit und jene zähe Beharrlichkeit, ohne die selbst in Revolutionszeiten ein ehemaliger Sattler nicht Reichspräsident wird. Die deutsche Gewerkschaftsbewegung hat keine gewaltigen

Individualitäten, aber einen tüchtigen, klaren, kritischen Geist hervorgebracht. Ebert ist gutes Gewächs von diesem Boden.«[1] Dass mit ihm »ein gutes Gewächs« der sozialistischen Bewegung, einer jener im Kaiserreich als Reichsfeinde, als vaterlandslose Gesellen und finstere Volksverderber diffamierten Sozialdemokraten, erstes demokratisches Staatsoberhaupt in der deutschen Geschichte wird, manifestiert den grundstürzenden verfassungspolitischen Neubeginn, der am 9. November 1918 eingeleitet worden ist, als Friedrich Ebert die Reichskanzlerschaft übernommen hat: Auf den im revolutionären Siegeszug ins holländische Exil geflohenen Kaiser Wilhelm II. folgt nun an der Spitze des Staates ein Mann der Arbeiterbewegung – ein Sattlergeselle.

In bewusster Abgrenzung zu seinem Vorgänger verspricht der Sozialdemokrat in seiner Dankesrede an die Volksvertreter, der Präsident aller Bürger sein zu wollen: »Ich will und werde als der Beauftragte des ganzen deutschen Volkes handeln, nicht als Vormann einer einzigen Partei.«[2] Ein solches Amtsverständnis, die Verpflichtung zu Neutralität und Überparteilichkeit, ist ein Novum für ein deutsches Staatsoberhaupt und wird schließlich stilbildend auch für die Bundespräsidenten der Zweiten Republik.

> Nicht eine Partei, sondern die große Mehrheit des ganzen Volkes hat mich erwählt und kann daher auch von mir verlangen, dass ich der Präsident des Volkes und nicht einer Partei bin. Ich glaube, wir alle, die wir im öffentlichen Leben politisch tätig sind, haben zu einem gewissen Teil diese Pflicht, uns nicht als Vertreter nur eines Teiles, sondern als Vertreter des ganzen Volkes zu fühlen.
> *Rede vor Pressevertretern in Weimar, 12. Februar 1919*

Das erste zivile Staatsoberhaupt Deutschlands will nicht wie die Hohenzollernkaiser, die die Sozialdemokraten außerhalb der Gesellschaft gestellt haben, ausgrenzen, sondern einen und vereinen. Das ist eine für das moderne demokratische Staatswesen unerlässliche Amtsauffassung. Der in der Wolle gefärbte Sozialdemokrat, der seit 1905 dem Parteivorstand angehört, davon seit 1913 als einer der beiden Vorsitzenden, fühlt sich jedoch auch seinen

Wurzeln und den Interessen der Arbeiterbewegung verpflichtet: »Ich bekenne aber auch, dass ich ein Sohn des Arbeiterstandes bin, aufgewachsen in der Gedankenwelt des Sozialismus, und dass ich weder meinen Ursprung noch meine Überzeugung jemals zu verleugnen gesonnen bin.«[3]

In dem Spannungsfeld zwischen Staatsräson und Parteiinteresse stand Ebert sechs Jahre, bis zu seinem frühen Tod im Alter von 54 Jahren am 28. Februar 1925, im Machtzentrum einer von vielen ungeliebten, innerlich zerrissenen und außenpolitisch bedrängten Republik. Es waren Zeiten der Krisen, wie sie das sozialdemokratische Zentralorgan »Vorwärts« zum sechsten Jahrestag seiner Wahl zum Reichspräsidenten umriss: »Härteste Bedrängnis von außen, tiefste Erschütterung im Innern, soziale Nöte, drohender Zerfall, das waren die Zeichen, unter denen Ebert sein Amt antrat. Es kam die Entscheidung über Oberschlesien, das Londoner Ultimatum, der Ruhrkampf, es kamen die Putsche von links, die Putsche von rechts, die politischen Morde, der Separatismus im Westen und in Bayern, es kamen Hungerkrawalle und Inflation.« Die Analyse von Ausgangsbedingungen und Belastungen in der Amtszeit konnte in dieser Kürze präziser nicht sein. Für die Leistung ihres ehemaligen Vorsitzenden zollte die Partei insgesamt Respekt, denn der »Genosse Ebert« habe seine Aufgabe in einer Notlage geschultert, wie sie zuvor kaum ein anderer verantwortlicher Politiker vorgefunden hatte.[4] Das traf vollkommen zu. Wie sahen nun Lebensweg und Lebensbilanz des Mannes aus, der von ganz unten gekommen war, die größte Partei des Kaiserreiches in ihrer schwersten Existenzkrise, in der Zeit von Zäsuren und Umbrüchen, anführte, der die erste deutsche Demokratie in den Wirren von Kriegsniederlage und Revolution wesentlich mitbegründete und diese als Staatsoberhaupt konsequent verteidigte?

Der junge Sattlergeselle im Alter von etwa 20 Jahren.

Kapitel I

Der Arbeiterführer (1871–1918)

1. Der politische Lehrling

Die Wiege des ersten Reichspräsidenten stand in der Altstadt der nordbadischen Universitätsstadt Heidelberg. In einer 45 qm kleinen Dreiraumwohnung mit einer lichten Deckenhöhe von knapp zwei Metern erblickte Friedrich Ebert am 4. Februar 1871, im Jahr der Gründung des Deutschen Reiches, mittags gegen 12 Uhr das Licht der Welt. Der Spross eines Schneiderehepaares sollte 48 Jahre später in der Linie des am 18. Januar 1871 im Schloss von Versailles zum Deutschen Kaiser ausgerufenen Wilhelm I. das Amt des Staatsoberhaupts übernehmen – freilich unter demokratischen Vorzeichen. Zur gleichen Zeit, als das Deutsche Kaiserreich mit der Kaiserkrönung aus der Taufe gehoben wurde, saßen August Bebel und Wilhelm Liebknecht, die führenden Köpfe der noch ganz am Anfang stehenden sozialdemokratischen Bewegung, unter dem Vorwurf der Vorbereitung zum Hochverrat in Untersuchungshaft. Den einen, Liebknecht, sollte Ebert in seinen Jahren in Bremen (1891–1905) einmal kennenlernen, dem anderen, der charismatischen Galionsfigur, wird er 1913 als Vorsitzender der SPD folgen, der zu diesem Zeitpunkt weitaus größten deutschen Partei.

Über Kindheit, Jugend und Erziehung Friedrich Eberts wissen wir wenig. Das siebte von neun Kindern der aus dem Odenwald stammenden Karl und Katharina Ebert, von denen drei im Säuglings- und Kleinkindalter verstarben, durchlebte die typische Jugend im Milieu der Kleinhandwerker, Arbeiter und Tagelöhner. Trotz der Enge im Haushalt wuchs er in relativ gesicherten Verhältnissen auf, denn sein Vater gehörte zu den Besserverdienenden der Zunft. Auch wenn der Heranwachsende wahrscheinlich nicht den täglichen Kampf um Arbeit und Auskommen erfahren musste, so dürfte ihn das Umfeld im Kleine-Leute-Viertel für die sozialen Missstände sensibilisiert haben. Katholisch getauft, trat Ebert später wie viele Sozialdemokraten aus der Kirche aus.

Mit durchschnittlichem Erfolg besuchte er von 1877 bis 1885 die Volksschule. Ein Zeugnis der siebten Klasse weist ihn als 16. unter 44 Schülern im vorderen Mittelfeld aus, dem sein Lehrer in Fleiß und Betragen ein »gut« bescheinigte. Er absolvierte eine Sattlerlehre, nach deren Abschluss er sich Anfang 1889 auf die seinerzeit zwar nicht mehr vorgeschriebene, aber doch noch weithin praktizierte Wanderschaft begab. Auf der Walz, die wie seine Heidelberger Zeit über weite Strecken im Dunkeln liegt, setzte politisches Erwachen ein. Sein Werdegang war eng verknüpft mit dem Aufschwung der sozialdemokratischen Partei, der jungen Bewegung des sozial und politisch benachteiligten Proletariats, die sich Freiheit, Gleichheit und Gerechtigkeit auf ihre Fahnen geschrieben hatte. Er sollte über die Karriere in der Arbeiterbewegung aus eigener Kraft den sozialen Aufstieg schaffen, dabei aber nie den Bezug zu seiner Herkunft und seinen sozialen Wurzeln verlieren. Möglicherweise kam Ebert schon im Elternhaus mit sozialdemokratischen Ideen in Berührung. Sein Vater engagierte sich vermutlich gewerkschaftlich und wurde als Mitglied eines Arbeiterbildungsvereins geführt. Die Hinwendung des jungen Ebert zum Sozialismus beeinflusste ganz entscheidend sein Patenonkel Wilhelm Strötz, bekannter Sozialdemokrat in Mannheim. Folglich zog es den Sattlergesellen am Beginn seiner rund zweieinhalbjährigen Wanderschaft zuerst in die benachbarte Hochburg der sozialistischen Bewegung. Weiter ging es dann nach mehreren Stationen im süddeutschen Raum – sein eigentliches Ziel scheint die Schweiz gewesen zu sein – nach Norden, wo er in Hannover mit fast einem Jahr am längsten blieb. Friedrich Ebert schloss sich auf der Wanderschaft der Sattlergewerkschaft und der sozialdemokratischen Partei an, beteiligte sich auf seinen Stationen am Aufbau gewerkschaftlicher Organisationen und trat als Trommler für die sozialistische Sache auf. So bekam auch er noch die Restriktionen des Sozialistengesetzes (1878–1890) zu spüren, mit dem Reichskanzler Otto von Bismarck die aufstrebende Arbeiterbewegung bändigen, gar zerstören wollte.

> Die Demokratie ist der Fels, auf dem allein die Arbeiterklasse das Haus der deutschen Zukunft stellen kann.
> *Rede auf dem Reichsrätekongress, 16. Dezember 1918*

Ebert erfuhr am eigenen Leibe, wie die wilhelminische Gesellschaft Sozialdemokraten ausgrenzte. Mit ihrer Konfrontation schweißte die Obrigkeit die Arbeiterbewegung zusammen und stärkte das Selbstbewusstsein der Verfolgten. Die Aufhebung des letztlich fehlgeschlagenen Ausnahmegesetzes 1890 wurde zum Triumph der Sozialdemokratie. Für die Biographie eines Arbeiterführers war es wie ein Ritterschlag, das Sozialistengesetz noch erlebt und die Zeit der schärfsten Unterdrückung und Diskriminierung – in den eigenen Reihen als Heldenzeitalter der Sozialdemokratie verklärt – überstanden zu haben. Das verlieh Autorität in den eigenen Reihen. Obwohl er lediglich für einige Monate unter dem Sozialistengesetz gelitten hatte, verwies Ebert später mit Stolz darauf, seinen Weg in der Phase der Sozialistenhatz Bismarcks begonnen zu haben. Stigmatisierung und Exklusion der stetig wachsenden Sozialdemokratie blieben über die Zeit der legislativ unterfütterten Verfolgungshysterie hinaus Staatsdoktrin und einigendes Band der systemtreuen Parteien, das erst im Zuge des Ersten Weltkrieges zerfaserte.

Neben Unterdrückung erlebte das junge Gewerkschaftsmitglied auf der Wanderschaft die Kraft der Solidarität, als im April 1890 ein Kampf für höheren Lohn und bessere Arbeitsbedingungen in Kassel, der Hannover nachfolgenden Station, nach wenigen Tagen mit einem Sieg der Gesellen endete, dabei der Überschuss aus der Streikkasse noch an andere Streikorte abgeführt wurde. Dass Ebert sich noch 20 Jahre später daran erinnerte und als schönen ideellen Zug beschrieb[1], belegt die nachhaltige Wirkung des Erlebten. Das gewerkschaftliche Engagement erleichterte es ihm zugleich auch,

Bremen 1894: Friedrich Ebert (r.) mit zwei Freunden im Fotoatelier.

sich jeweils in der neuen Umgebung im Kreise Gleichgesinnter einzugewöhnen und zurechtzufinden.

Die Wanderschaft war somit auch eine Zeit der prägenden parteipolitischen Lehrjahre, in denen er seine Gesellenstücke ablieferte: Er warb unablässig für die Bewegung, verdiente sich erste organisatorische Sporen und trat als Redner vor größerem Publikum auf. Den schon früh politisierten Handwerker zeichneten Arbeitseifer und Arbeitsdisziplin aus – Eigenschaften, die auch seinen Aufstieg in der Sozialdemokratie bereiteten. Nach kurzen Aufenthalten in Braunschweig, Wesel, Barmen und Quakenbrück erreichte er im Mai 1891 Bremen, eines der jüngeren Zentren der Sozialdemokratie. Der fleißige Parteisoldat und eifrige Agitator, ausgestattet mit durchaus einiger, wenn auch noch begrenzter Erfahrung in Organisation und Arbeit der Bewegung, sollte 14 Jahre in der Hansestadt bleiben und vom Nachwuchsmann der SPD zu einem überregional bekannten Funktionär aufsteigen.

2. Der Parteiarbeiter

In Bremen vollzogen sich politisch wie privat Weichenstellungen in Friedrich Eberts Leben. An der Weser erwarb er sich das politische Rüstzeug eines Parteiarbeiters und verließ 1905 als Spitzenpolitiker der SPD die Hansestadt in Richtung Berlin, um fortan als Mitglied des Vorstandes die Geschicke der größten und bestorganisierten Partei Deutschlands an zentraler Stelle mitzubestimmen.

Bremen wurde auch zu einer privat entscheidenden Station: Im Mai 1894 heiratete er die 20-jährige Arbeiterin Louise Rump. Die evangelisch getaufte Tochter eines Tagelöhners war in ärmlichen Verhältnissen aufgewachsen und hatte in Kindheit und Jugend – wie sie am Lebensende einmal mitteilte – »sehr, sehr viel Schweres und Trübes« erleben müssen.[2] Vor ihrer Heirat verdingte sie sich als Dienstmädchen und als schlecht bezahlte Hilfsarbeiterin. Dabei engagierte sie sich gewerkschaftlich und fungierte 1893 – so legen Quellen nahe – als zweite Vorsitzende eines kleinen gewerkschaftlichen Holzarbeiterverbandes, der reichsweit einige hundert

Mitglieder umfasste. Beruf und Gewerkschaftsarbeit gab sie nach der Eheschließung auf.

Über Ehe und Familienleben ist kaum etwas überliefert; und auch später drang nur wenig Privates an die Öffentlichkeit. Louise Ebert war der starke Rückhalt ihres Mannes und gewann in seiner Präsidentenzeit Anerkennung, selbst bei denen, die einer Frau aus dem Proletariat mit Ressentiments entgegentraten. Fünf Monate nach der Heirat kam das erste Kind, Friedrich, zur Welt: »Ein kleiner ›Umstürzler‹ ist angelangt«, inserierten die Eltern in der sozialdemokratischen »Bremer Bürger-Zeitung«[3] und spielten so mit der weit verbreiteten Hysterie vor den Sozialdemokraten als revolutionären Gesellen. Es folgten drei weitere Söhne und eine Tochter: Georg (*1896), Heinrich (*1897), Karl (*1899) und Amalie (*1900). Die Söhne erlernten alle ein Handwerk; nur die Tochter absolvierte die höhere Schule. Georg und Heinrich sollten 1917 im Ersten Weltkrieg innerhalb von nur drei Monaten fallen.

Die Erziehung der Kinder fußte auf den Wertvorstellungen, die von Eberts Herkunft aus dem Milieu des Kleinhandwerkers herrührten: Familiensinn, Ordnungsliebe, Fleiß, Genügsamkeit, Einsatzbereitschaft und Sparsamkeit. Nach späterer Schilderung seiner Frau sei ihr Mann ein recht strenger Vater gewesen, wie auch die Erinnerungen des jüngsten Sohnes Karl belegen: »[...] im Hause der Eltern hieß es, bei aller Freiheit, vor allem Disziplin üben. Wie war es doch noch? Pünktlich zu Tisch, geordnetes und geregeltes Leben, absolutes Einhalten der höheren Orts aufgestellten Hausordnung.«[4] Seiner Tochter Amalie gab Ebert in einer humorvollen Ansprache zur Vermählung 1923 den Wunsch nach »Lebensmut, der sich geltend macht in Fleiß, Tüchtigkeit, Tatkraft und in einem oft hohen Maße von Entsagung«, mit auf den Weg und ermahnte sie, sich die im Elternhaus erworbene »Pflichttreue und den geraden schlichten Bürgersinn« zu bewahren.[5]

Eben diesen Eigenschaften verdankte Ebert seine steile Laufbahn von einem Parteiarbeiter zu einem Arbeiterführer. So bezeichnete ihn die Bremer Polizei kaum ein halbes Jahr nach seiner Ankunft als den »eifrigsten sozialdemokratischen Agitator« vor Ort.[6] Dabei gründete sich sein Ruf auch auf seiner Begabung

Die junge Familie um 1898: Friedrich und Louise Ebert mit den Söhnen Friedrich, Georg und Heinrich (v. l. n. r.). Zwei Kinder, Karl und Amalie, werden noch folgen.

zum öffentlichen Reden. Das einzige überlieferte Tondokument Eberts, seine eher schlicht vorgetragenen Worte nach der Vereidigung auf die Weimarer Verfassung im August 1919 – wenige Monate später von ihm in einem Tonstudio nachgesprochen und aufgezeichnet –, lassen nicht den gewandten Referenten um die Jahrhundertwende erkennen, dessen rhetorische Fähigkeiten dereinst selbst von der bürgerlichen Presse gerühmt wurden. Wer den Arbeiter für die Ideen des Sozialismus gewinnen wollte, musste das Talent der freien Rede haben; er brauchte die Fähigkeit, ohne ausformuliertes Manuskript die Zuhörer zu fesseln. Ohne diese Gabe blieb einem sozialdemokratischen Werber die große Parteikarriere zumeist versagt. Ebert beherrschte das Metier, konnte ein humorvoller, ironisierender Redner sein.

Er entwickelte sich zum Multifunktionär, der eine Vielzahl von ehrenamtlichen Positionen in Partei und Gewerkschaften bekleidete: Er war Vorsitzender des Sattlerverbandes und kurz darauf auch der örtlichen Gewerkschaftszentrale, amtierte ab 1894 für zwei Jahre als Vorsitzender der Bremer SPD und saß zudem in zahlreichen weiteren Kommissionen. Diese Ämterfülle dokumentiert sein ungemein hohes Engagement und war zugleich Indiz für den Durchbruch der Sozialdemokratie zu einer Massenorganisation, die einen rasch wachsenden Bedarf an ehrenamtlichen Funktionären besaß. So traf beides zusammen: hier der fleißige und ambitionierte Parteiarbeiter, dort die stetig wachsende und sich ausdifferenzierende Bewegung, die immer mehr junge Kräfte für Funktionen und Ämter benötigte.

Beruflich fasste Ebert nur schwerlich Fuß. Versuche, sich als Sattler selbstständig zu machen, scheiterten. 1893 arbeitete er für einige Monate bei der »Bremer Bürger-Zeitung«. Die doch relativ kurze Zeit als Redakteur, ein Berufsstand, der breite Anerkennung in der Bewegung genoss, erwähnte er später vielfach, im Gegensatz zu seiner nachfolgenden sechsjährigen Tätigkeit als Gastwirt ab 1894. Diese wiederum verschwieg er – mit gutem Grund.[7] Denn der Gastwirt besaß allgemein kein großes Ansehen. Doch in der Sozialdemokratie wurde er keineswegs abschätzig betrachtet; denn Wirtshäuser spielten für die Arbeiterbewegung um die Jahrhundertwende als Ort der Geselligkeit und der politischen Agitation eine besondere Rolle. Für die im Kaiserreich ausgegrenzte Sozialdemokratie war es von unschätzbarem Wert, wenn ein zuverlässiger Genosse eine Gastwirtschaft führte und dort die politischen Versammlungen abgehalten werden konnten. Das Wirtshaus war Bestandteil der sozialistischen Gegenkultur, das der große Theoretiker der Partei, Karl Kautsky, zum einzigen Bollwerk der politischen Freiheit des Proletariers stilisierte. Auch Eberts »Restauration und Bierhalle« entwickelte sich ganz im Sinne des Soziologen Robert Michels, der 1910 Kneipen als »unentbehrliche Instrumente des politischen Kampfes in lokaler Umgrenzung« bezeichnete[8], zum hochfrequentierten Treffpunkt der örtlichen Arbeiterschaft und zugleich zur Anlaufstelle für Rat suchende Arbeiter. Denn der Wirt, der sich autodidaktisch umfassende Kenntnisse in Sozialpolitik und Sozialrecht erwarb, beriet die Arbeiter kompetent vor allem in Fragen der von Bismarck in den 1880er Jahren eingeführten Sozialversicherung.

Geschah diese Hilfe in der Zeit als Gastwirt noch ehrenamtlich, so setzte Friedrich Ebert dies ab dem März 1900 als von den Gewerkschaften gewählter erster Arbeitersekretär hauptberuflich fort. Hatte er zunächst ehrenhalber unter großem Einsatz *für* die Bewegung gelebt, so trat er nun in ihre Dienste und lebte bei allem weiteren ehrenamtlichen Engagement fortan *von* der Bewegung. Als Advokat der kleinen Leute erweiterte sich sein Wissensspektrum auf sozialrechtlichen und sozialpolitischen Feldern. Das Büro »als soziale Hilfsstation im weitgehendsten Sinne« wurde »nicht allein bei Rechtsstreitigkeiten, sondern in allen misslichen Ereignissen des Lebens«[9] von der Bevölkerung aufgesucht. Das reichte bis hin zu Alimentenklagen. All dies erforderte vom Arbeitersekretär ein intensives Einarbeiten in ganz unterschiedliche rechtliche Themen, um die nicht mit der Sozial- und Arbeitsgesetzgebung vertrauten Arbeiter sachkundig zu beraten. Das alles war wenig spektakulär, aber wichtig für den Einzelnen, der im Arbeitersekretariat in der Osterthorstraße unentgeltliche Unterstützung eines versierten Fachmanns im Kampf um seine Rechte erhielt.

Die Sekretariate besaßen einen immensen sozialpolitischen

Stellenwert für das Proletariat, aber auch für die Bewegung, denn durch ihre erfolgreiche Beratung gewannen sie den noch nicht organisierten Arbeiter für die Sozialdemokratie. Andererseits stellte die Tätigkeit als Arbeitersekretär, der wegen seiner detaillierten rechtlichen Kenntnisse als »Volksjurist« in den eigenen Reihen hohes Ansehen genoss, eine der zentralen Karriereleitern in der Bewegung dar. Auch für Ebert sollte dies das Sprungbrett sein.

Die SPD rekrutierte aus dem Kreis der Arbeitersekretäre zahlreiche ihrer Parlamentarier in Reich, Ländern und Kommunen, die als ausgewiesene Fachleute auch in den kommunalen Ausschüssen und Kommissionen saßen. Ebert war der Prototyp dieser Funktionärsklasse, der von 1900 bis 1905 der Bremer Bürgerschaft angehörte. Gestützt auf seine profunden Kenntnisse als Arbeitersekretär, der durch eigene sozialstatistische Erhebungen ein genaues Bild von der Lage der Bremer Arbeiter besaß, brachte der SPD-Fraktionsvorsitzende im Landesparlament vor allem soziale Probleme aufs Tapet. Doch das bremische Wahlrecht mit einer differenzierten Acht-Klassen-Unterteilung und die hanseatische Verfassung von 1854 garantierten, dass die Sozialdemokratie von einer ihr nach dem Wählerzuspruch zustehenden Teilhabe an politischen Entscheidungen ausgeschlossen blieb. Scharf brandmarkte er die Bremer Verfassung; diese trage »einen so reaktionären Charakter, dass eine im alten Ständewesen versunkene Monarchie sich zu einer solchen Verfassung gratulieren« könne.[10] Die Macht konzentrierte sich beim Senat, der Regierung, deren 16 Mitglieder auf Lebenszeit gewählt wurden. Das Wahlverfahren sicherte – wie Ebert im Parlament beklagte – »nur einigen wenigen Patrizierfamilien und dem Großkapital sowohl in der Regierung wie in der gesamten Verwaltung das unumschränkte Herrschaftsrecht«.[11] Auch wenn der Einsatz in der Bürgerschaft kaum Früchte trug, so hielt er an der Mitarbeit im Parlament fest. Denn hier bot sich die Bühne, um für die eigenen Ziele zu werben und über die Parteikreise hinaus auf soziale Missstände aufmerksam zu machen. Gerade die weitgehende Erfolglosigkeit sozialdemokratischer Initiativen demaskierte das System als Klassenherrschaft, was wiederum Klassenbewusstsein und Solidarität der Gefolgschaft stärkte und ihr neue Mitglieder zuführte; denn hier vertrat ein Mann konsequent die Interessen der Benachteiligten. Ebert war ihr Sprachrohr.

> Wir streben die Beseitigung jeglicher Klassenherrschaft an und verlangen [...] die volle politische Gleichberechtigung aller ohne Unterschied.
> *Rede vor Sozialdemokraten in Bremen, 11. November 1902*

Bei den Sozialtechnologen vom Schlage Eberts handelte es sich um Männer, die bestens in der Bewegung vernetzt und zudem im beruflichen Alltag mit der Lage der Arbeiterschaft direkt konfrontiert waren. Und das beeinflusste politisches Denken und Handeln entscheidend. Bei Ebert gesellte sich zu all den gemeinsamen Erfahrungen und Eigenschaften ein sicherer Machtinstinkt. Politisch-programmatisch zählte er zu den Reformisten, ohne selbst ein theoretisches Gerüst inhaliert zu haben. Die tagtägliche Auseinandersetzung mit den Nöten des Proletariats prägte seinen Standort in den ideologischen Grabenkämpfen seiner Partei zwischen Reformisten, Revisionisten und Revolutionären. Ebert hielt wenig von theoretischen Debatten, die in seinen Augen für die praktische Tagesarbeit kaum nutzbringend waren. Die Auseinandersetzungen um die Auslegung der reinen sozialistischen Lehre oder um den Kurs der Partei besaßen für ihn nicht den Stellenwert, den sie auf den jährlichen Parteitagen einnahmen. Überzeugt von der Richtigkeit der theoretischen Grundlagen und des Zielkatalogs, wie sie im grundlegenden Erfurter Programm von 1891 niedergelegt waren, sah er die Hauptaufgabe der SPD in der Durchsetzung von Reformen zur Hebung der sozialen Lage des Proletariats: »Wenn wir aber auch wissen, dass Not und Elend endgültig nur durch die Verwirklichung des Sozialismus zu beseitigen sind, so müssen wir doch alle Maßnahmen ergreifen, die geeignet sind, in wirtschaftlicher, geistiger und politischer Beziehung die Arbeiterschaft zu schützen und zu fördern, soweit sie mit unserem Klassenkampfe vereinbar sind. Wir müssen das im Interesse unseres großen Kampfes.«[12] Reformpolitik und Klassenkampf: Der Pragmatiker wollte Demokratie und sozialen Fortschritt sukzessive verwirklichen.

Doch Kontroversen um Theorie und Strategie lähmten die Arbeit in der hanseatischen Sozialdemokratie, in der radikale Kräfte die Oberhand zu gewinnen schienen. Diese innerparteiliche Gewichtsverschiebung durch neue nach Bremen gelangte Funktionäre schwächte Eberts auf Reformarbeit gerichtete Position und verstärkte bei ihm den Wunsch nach einer örtlichen Veränderung. Konflikte entbrannten um die Beteiligung am Goethebund als einer überparteilichen Bildungseinrichtung. Ebert und andere des Reformflügels befürworteten die Mitarbeit, nicht nur als Chance zur Fortbildung des Proletariats, sondern auch als Begegnungsmöglichkeit zwischen Sozialdemokraten und fortschrittlichen Liberalen, während die Radikalen in der SPD die Zusammenarbeit als Preisgabe des Klassenkampfes ablehnten.

Die Meinungen prallten auch in der Massenstreikdebatte aufeinander, die die Partei im Reich über einige Jahre hinweg beschäftigte. Dabei drehte es sich zentral um die Frage, welche Funktion der politische Streik in der Strategie der Sozialdemokratie besitzen sollte. Radikale in Bremen propagierten ihn als offensives revolutionäres Instrument. Ebert dagegen betrachtete den Massenstreik nicht als ein Allheilmittel, sondern wollte es als defensives Element zur Abwehr von staatlichen Initiativen verstanden wissen, die auf Verschlechterung der politischen und sozialen Rechte abzielten. Er warnte davor, leichtfertig auf den Massenstreik zurückzugreifen, denn dann würde die längst noch nicht über das hierfür genügende Potential verfügende SPD alles, was sie bislang erkämpft habe, aufs Spiel setzen: »Vor dem politischen Massenstreik ist die politische Betätigung in Staat, Gemeinde, Reichskommune, kurzum in allen öffentlichen Körperschaften notwendig. [...] Wir müssen bedenken, dass dieses Mittel keine Zauberkraft besitzt, dass es nicht angewendet werden kann, ehe die Organisationen nicht kräftiger geworden sind.«[13] Organisation rangierte vor Aktion; erst wenn der Organisationsgrad die größtmögliche Stufe erreicht und die politische Arbeit auf allen parlamentarischen Ebenen sich als fruchtlos erwiesen hatte, dürfe man auf diese Ultima Ratio zurückgreifen.

Angesichts der zunehmenden Fraktionierung fühlte sich Ebert an der Weser politisch nicht mehr wohl. Ihm war seine Arbeit für und in der Partei, auch durch einen persönlich wenig freundschaftlichen Stil der Auseinandersetzungen, »gründlich verekelt« worden: »Am besten komme ich aus dem Dilemma, wenn ich mich veränderte«, ließ er im Juni 1905 seinen Mentor und Freund Franz Diederich wissen, den mittlerweile in Dresden tätigen vormaligen Redakteur der »Bremer Bürger-Zeitung«.[14] Doch nahm er von einer Bewerbung auf den wohl offerierten Posten des Arbeitersekretärs im »imposanten Dresden« Abstand, weil bei einem Weggang das Bremer Büro verwaist wäre. Im Stich lassen wollte er seine Genossen in der Hansestadt nun nicht.

Doch schon wenige Monate später entkam er dem Dilemma: Am 24. September 1905 wählte ihn der SPD-Parteitag in Jena auf die im Parteivorstand neu geschaffene Stelle eines hauptamtlichen Sekretärs. Er setzte sich bei der Wahl mit 174 von 283 Stimmen gegen den dann ein Jahr darauf ebenfalls in den SPD-Vorstand berufenen Hermann Müller durch, den späteren Außenminister (1919/20) und Reichskanzler der Weimarer Republik (1920 und 1928 bis 1930).

Die Berliner SPD-Zentrale benötigte einen Verwaltungsfachmann. Ebert konnte auf diesem Gebiet reichlich Erfahrung vorweisen. Er hatte das Bremer Arbeitersekretariat aufgebaut und fünf Jahre bestens geleitet. Darüber hinaus sollte der neue Mann sich ausschließlich der Arbeit im Parteibüro widmen und nicht mit anderen Aufgaben wie der Wahrnehmung eines Reichstagsmandats belastet sein. All das erfüllte Ebert. Zudem hatte er durch seine umsichtige und pannenfreie Leitung des SPD-Parteitages in Bremen 1904 bei der Parteispitze und den Delegierten offensichtlich einen bleibenden Eindruck als fähiger Organisator und Moderator hinterlassen. Bremen war im Gegensatz zu den von tief aufwühlenden Debatten geprägten vorherigen Jahrestreffen in relativer Harmonie verlaufen.

Im Dezember 1905 kehrte eine mittlerweile weit über die Region hinaus bekannte Führungspersönlichkeit der Hansestadt den Rücken, ausgestattet mit den Erfahrungen eines auf zahlreichen Feldern bewanderten talentierten Multifunktionärs. Sozialdemokratie hatte er in allen Schattierungen von der Pike auf gelernt, dabei zum eigenen Leidwesen erfahren müssen, dass Richtungsstreitigkeiten die Parteiarbeit blockierten und dass innerhalb der Sozialdemokratie eine gewisse Neigung bestand, sich im programmatischen Diskurs zu zerfleischen. Die Arbeit als Rat gebender Gastwirt und als Arbeitersekretär hatte ihn geformt. Wer wie Ebert tagein, tagaus mit den Sorgen und Nöten des Arbeiters hautnah konfrontiert wurde und wer wie er sein Ohr ganz nah an der Basis hatte, der wusste, wo dem Proletariat der Schuh drückte, und der entwickelte Sinn für die Notwendigkeit sozialer Reformen. Er setzte auf Verbesserungen im Hier und Heute und hielt nichts davon, die eigene Gefolgschaft auf eine utopische Heilsgesellschaft in ferner Zukunft zu vertrösten. Unter grundsätzlicher Anerkennung der auf marxistischer Analyse aufbauenden Programmatik und trotz einer auch von ihm immer gebrauchten revolutionären Rhetorik war und blieb Ebert im Grunde ein theoriefeindlicher Pragmatiker. Das sollte sich auch im Vorstand der SPD nicht ändern.

> Wir sind, was wir waren, und bleiben, was wir sind: Sozialdemokraten!
> *Rede im Reichstag, 22. Oktober 1918*

3. Organisator und Mediator der Massenpartei

Dem neuen Mitglied des SPD-Parteivorstandes fiel als faktischem Verwaltungsleiter in der Zentrale ein Großteil des Tagesgeschäfts zu, da Friedrich Ebert keiner Doppelbelastung wie seine Kollegen ausgesetzt war, die neben der Tätigkeit im Vorstand noch Mandate und andere Aufgaben in der Partei wahrnahmen. Mit Ebert rückte erstmals ein Vertreter der zweiten Generation von Arbeiterführern in die Vorstandsetage der SPD auf. Er und der 1906 in die Parteileitung gewählte fünf Jahre jüngere Hermann Müller, mit dem ihm in der Folge eine enge Freundschaft verband, waren die beiden mit Abstand jüngsten Mitglieder in der Berliner Lindenstraße, wo sie an der Seite der Gründungsväter der Bewegung um die beiden Vorsitzenden August Bebel und Paul Singer arbeiteten. Die pragmatisch-reformistischen Nachwuchskräfte profilierten sich bald als Aktivposten auf der Kommandobrücke, was den Linken in der Partei freilich missfiel.

Die von Ebert und Müller repräsentierte jüngere Generation der Arbeiterführer unterschied sich von der ersten in wesentlichen Punkten: In dieser Kohorte war die Disposition zur Integration in das politische System stärker ausgeprägt als bei der vorhergehenden »Generation Bebel«. Die Nachwuchsfunktionäre gaben sich pragmatischer, technokratischer, realpolitischer und revisionistischer als die Veteranen.[15] Ebert und seine Altersgenossen waren aufgewachsen in einer Zeit des rasanten wirtschaftlichen und technischen Fortschritts. Das löste nicht nur eine ungemeine Technikbegeisterung aus, sondern beeinflusste auch das politische Denken: Die Erfahrung genuiner Fortentwicklung wurde als Parameter auf die politische Ebene transferiert und nährte die Hoffnung auf einen allmählichen Wandel innerhalb des Systems – bis hin zu dessen Überwindung.

Dabei machte sich auch eine Änderung im Führungsstil bemerkbar. Vor und besonders während des Sozialistengesetzes lief die innerparteiliche Kommunikation vor allem über inoffizielle Kanäle, über Freundschaften, Netzwerke und persönliche Kontakte, die für Politik und Betrieb der Partei vielleicht sogar höheres Gewicht besaßen als formelle Entscheidungen in den Gremien oder Diskussionen in der Parteipresse. Bei der zweiten Generation gestalteten sich die Verbindungen in anderer Weise, eher unpersönlicher und technokratischer. Denn das Weltbild des Typus Ebert hatte sich nach dem Sozialistengesetz geformt, und zwar in einer intakten, stetig wachsenden Arbeiterbewegung und einer sich rasant ausbreitenden Organisation, die sich immer mehr verästelte. Bürokratisierung der Parteiarbeit und Bürokraten als Parteiführer hießen die (zu Unrecht negativ konnotierten) Schlagworte. In der Tat entsprang aus der durch die gesellschaftliche Ausgrenzung bedingten Binnenorientierung auf die Partei ein

Gruppenbild mit einer Frau und zwei Nachwuchskräften inmitten der Gründungsväter der Bewegung: der SPD-Vorstand auf dem Parteitag 1909 in Leipzig; stehend (v. l.): Luise Zietz, Friedrich Ebert, Hermann Müller, Robert Wengels; vorn: Alwin Gerisch, Paul Singer, August Bebel, Wilhelm Pfannkuch, Hermann Molkenbuhr.

ausgeprägter Organisationspatriotismus. Denn die Organisation wurde immer wichtiger vor dem Hintergrund der Entwicklung der SPD zu einer Massenpartei, die seit 1890 einen steten Zuwachs bei den Reichstagswahlen verbuchte, mit Ausnahme des unter besonderer antisozialdemokratischer Stimmung und bürgerlicher Sammlung stattfindenden Votums von 1907. Die Erfolge ließen die Erwartung keimen, über den Stimmzettel zum Erfolg zu kommen. So war auch der Parteiführer Ebert beseelt vom einigen Handeln und vom Glauben an die Organisation. Nach Herkunft, Sozialisation und Aufstiegsmuster war er ein typischer Repräsentant der Parteibeamten der zweiten Generation. Der Sprung an die Spitze der Partei 1913 hob ihn jedoch aus der sozialdemokratischen Führungselite im wilhelminischen Kaiserreich heraus.

Bis dahin waren die Jahre Eberts im Vorstand geprägt von den Erfordernissen der Massenpartei, die von etwa 380.000 Mitgliedern bei seinem Dienstantritt auf über eine Million im Jahr 1914 wuchs. In erster Linie sollte der neue Mann bei der Reorganisation der Parteistrukturen mitwirken, die Arbeit des Vorstandes und darüber hinaus in den nachgeordneten Gliederungen modernisieren und effektiver gestalten. Das tägliche Geschäft war zunächst von organisatorischen und administrativen Aufgaben bestimmt. Ebert bewährte sich als Verwaltungskraft, die sich auch um vermeintlich bürokratischen Kleinkram kümmerte, was mitunter seine Vorstandskollegen wie Philipp Scheidemann geringschätzig beurteilten.[16] Ebert sorgte dafür, dass in finanzielle Turbulenzen geratene Organisationen und Parteizeitungen draußen im Lande Unterstützung erhielten, dass Werbematerial in Auftrag gegeben wurde und Agitationstouren oder reichsweite Protestversammlungen durchgeführt wurden. So manche Besetzung eines Redakteurspostens in einer der zahlreichen parteieigenen Zeitungen lief über Berlin und dort über seinen Tisch.

Dabei war für Ebert ein genaues Studium der Akten, bisweilen ermüdende Kleinarbeit, unerlässliche Voraussetzung seines politischen Agierens. Auch als Reichspräsident blieb er Herr der Akten. Allzu (vor)schnell stempelten ihn Zeitgenossen und Historiker ob seiner Akribie im Verwaltungshandeln zum seelenlosen Bürokraten. Ihn auf diese Tätigkeiten zu reduzieren ignoriert jedoch, dass er immer auch mehr war, bereits in der Parteispitze: ein Mittler zwischen den auseinanderstrebenden Flügeln. Dies spielte sich nur selten in der Parteiöffentlichkeit ab.

Binnen kurzer Zeit erwarb sich Ebert über die Grenzen der SPD hinaus den Ruf eines effektiven Parteimanagers und wurde mit weiteren Aufgaben betraut, zu denen ab 1907 die Beziehungen zu den sozialistischen Freien Gewerkschaften gehörten. Als Verbindungsmann zur gewerkschaftlichen Generalkommission gewann er Anerkennung und Vertrauen in der Gewerkschaftsführung, obwohl deren Beziehungen zur SPD trotz enger personeller Verflechtung mit Spannungen behaftet waren. Ebert wirkte bei Gründung und Aufbau eines von Gewerkschaft und SPD ins Leben gerufenen Landarbeiterverbandes mit und leitete die 1908 gemeinschaftlich von beiden begründete »Zentralstelle für die arbeitende Jugend Deutschlands«, die sich als Vorhutorganisation in die sozialdemokratische Gegenkultur zur bürgerlichen Gesellschaft einfügte. Der Jugendverband war Teil jener vielschichtigen Eigenwelt, die im Idealfall den Sozialdemokraten durch das ganze Leben begleitete, »von der Wiege bis zur Bahre«, wie das hieß.

Ebert wurde aber schon bald auch stärker in die programmatischen Kontroversen der von theoretischen Scharmützeln geschüttelten SPD einbezogen. Auf dem Parteitag 1908 in Nürnberg lieferte er anstelle des kränkelnden Bebel das Schlusswort des Vorstandes zur heftig umstrittenen Budgetbewilligung. Im Süden des Reiches hatten Landtagsfraktionen für die Annahme der Landeshaushalte gestimmt und damit gegen den Grundsatz – »diesem System keinen Mann und keinen Groschen« – verstoßen. In Nürnberg erhob Ebert die Budgetbewilligung zu einer grundsätzlichen Frage der Parteiräson. Diese verlange die Anerkennung der auf den Parteitagen gefassten Beschlüsse und ein einheitliches Auftreten der Partei. Das war und blieb seine Handlungsmaxime.

> Die Geschlossenheit der Partei ist die Vorbedingung für unseren Erfolg. Sie verlangt aber die Unterordnung der Minderheit unter die Mehrheit, sie verlangt die Respektierung der Parteitagsbeschlüsse von jedem einzelnen. Wenn das nicht mehr geschieht, dann [...] ist die Aktionskraft, die Schlagkraft der Partei gelähmt.
> *Rede auf dem SPD-Parteitag in Nürnberg, 18. September 1908*

Immer mehr nahm Ebert politische Aufgaben wahr und mahnte auf Landesparteitagen oder Sonderkonferenzen im Auftrag des Vorstandes zur Einhaltung der Parteitagsentscheidungen. Der auf Ausgleich zwischen den Flügeln bedachte Vertreter der Zentrale profilierte sich in den Kontroversen als Schiedsrichter. Doch seine

Auftritte zur Entschärfung von Konflikten in den einzelnen Landesorganisationen stießen nicht bei allen in der von Richtungskämpfen erschütterten Partei auf Zustimmung. Seine Bemühungen waren nicht immer von Erfolg gekrönt, besonders wenn die Fronten derart verkrustet waren wie im Streit zwischen gemäßigten Reformisten und revolutionären Radikalen in der württembergischen Landesorganisation, der die SPD dort an den Rand der Spaltung trieb. Dabei zog sich Ebert den Zorn beider Lager zu und galt in den Augen manch eines süddeutschen Reformisten als der eigentliche Scharfmacher im fernen Berliner Vorstand.

In dem breit gefächerten Spektrum der Vorkriegssozialdemokratie, das von radikal-revolutionären bis hin zu den pragmatisch-reformistischen Gruppen reichte, ist Ebert bei den Pragmatikern zu verorten, die sich am Parteiprogramm orientierten, denen die immer wieder aufflammenden Theoriediskussionen ein Dorn im Auge waren, lenkten sie doch von der notwendigen Arbeit ab und minderten das Wirkungsvermögen der SPD. Ebert zählte zum sogenannten Zentrum der Partei. Ihm war die Einheit der sozialdemokratischen Bewegung höchstes Gut, Grundstock zur Erringung von politischer Macht.

Bereits in Bremen hatte er die bis ins Persönliche reichenden Kontroversen auf den jährlichen Parteitagen gegeißelt. Nach dem Parteitag in Dresden 1903 missbilligte er scharf die kräftezehrenden Dispute der Jahresversammlung: »Wenn wir in Zukunft schmutzige Wäsche zu waschen haben, so gehen wir damit besser in die Waschküche, aber nicht in die Öffentlichkeit.«[17] In Dresden war die Debatte um den Revisionismus erneut entbrannt. Die Revisionisten um Eduard Bernstein wollten das revolutionäre Programm durch ein konsequent evolutionäres ersetzen. Dabei gingen sie von der Erkenntnis aus, dass die Gesellschaft – anders als in der reinen marxistischen Lehre prognostiziert – nicht auf den großen »Kladderadatsch«, dem Ende des undemokratischen Staates und dem Beginn der sozialistischen Morgenröte, zusteuerte, sondern sich im Gegenteil als anpassungsfähig und durchaus reformierbar erwies. Auch wenn Ebert im Grunde genommen inhaltlich mit den Analysen der Revisionisten übereinstimmte, so hielt er die von ihm befürwortete, auf praktische Reformen ausgerichtete Arbeit durchaus für vereinbar mit dem Erfurter Programm, denn dieses listete trotz marxistischer Gesellschaftsanalyse auch einen Katalog von unmittelbar anzustrebenden Zielen auf. Von daher erschienen Ebert ständig wiederkehrende Programmdebatten überflüssig, und zwar vor allem, wenn diese öffentlich geführt wurden. Natürlich musste um den Kurs gerungen werden. Das war nachgerade Parteipflicht und Kennzeichen sozialdemokratischer Streitkultur. Wenn man sich aber einmal entschieden hatte, so galt es, nach außen Eintracht zu demonstrieren. Das war sein Primat im politischen Handeln – als SPD-Funktionär und später auch als Reichspräsident. Immer wieder von Neuem um das Gleiche zu streiten, hielt er für gänzlich überflüssig, weil es die Kräfte verschlang, die für den politischen Kampf vonnöten waren.

Seine Vorstandstätigkeit brachte ihn auch in Kontakt zu den Organisationen der Zweiten Internationale, dem grenzübergreifenden Zusammenschluss der sozialistischen Arbeiterparteien. Bereits 1904 hatte er als Vertreter Bremens am internationalen Kongress in Amsterdam teilgenommen. 1910 gehörte er zu den Delegierten der SPD beim Kopenhagener Kongress und reiste im Dezember 1913 zu Beratungen des Internationalen Sozialistischen Büros nach London. Bei diesen Zusammenkünften trat Ebert kaum hervor. Hier waren sozialistische Theorie und Außenpolitik die vorherrschenden Themen, beides Bereiche, in denen er sich nicht besonders zu Hause fühlte. Die Internationale war nicht sein Terrain. Zwar beherrschte er das Vokabular der Internationale, verneigte sich vor ihr und ihren hehren Zielen und postulierte die Solidarität über Grenzen hinweg. Doch im tiefen Herzen war er ein auf die Nation ausgerichteter Sozialist, der der Internationale als wesentliche Aufgabe die Sicherung des Friedens zuwies. Als dann mit dem Kriegsausbruch im August 1914 die Internationale diese Aufgabe für alle sichtbar zu erfüllen nicht in der Lage war, richtete Ebert seine Handlungsprämissen ganz auf die nationalen Erfordernisse aus. Schon 1904 zog er aus der Amsterdamer Konferenz das Fazit, dass die Internationale keinen für alle Sektionen allgemeingültigen Leitfaden entwickeln könne, denn Strategie und Handeln müsse auf die Verhältnisse des jeweiligen Landes zugeschnitten sein.

Nach Jahren in der sozialdemokratischen Schaltzentrale verfügte Ebert im Vergleich zu seinen Vorstandskollegen zweifellos über die am breitesten gefächerte Erfahrung, und zwar auf nahezu allen Ebenen der Parteiarbeit. Er organisierte den internen Bürobetrieb, trat als Sendbote Berlins zu den Landes- und Bezirksorganisationen auf, positionierte sich dabei als Hüter der Parteitagsbeschlüsse und Schlichter in Kontroversen, und koordinierte reichsweite Aktionen wie Wahlkämpfe oder Demonstrationen gegen das die SPD krass benachteiligende preußische Dreiklassenwahlrecht. Erst 1908 war es der Partei gelungen, mit satten 24 Prozent der Stimmen magere sechs der insgesamt 443 Mandate für das preußische Abgeordnetenhaus zu erringen. Zum gleichen Zeitpunkt saßen bereits 43 Sozialdemokraten im 397-köpfigen Reichstag; dabei hatte die SPD fast 29 Prozent der Wähler auf sich vereinigt.

Der mit Energie und Effizienz sowie reicher Erfahrung als Redner und Organisator ausgestattete Ebert wurde zur tragenden Säule im Vorstand. Der eigentliche »Macher« in der Parteispitze entwickelte sich zu einer Führungspersönlichkeit der Sozialdemokratie. Es konnte daher kaum überraschen, dass er auf dem Parteitag in Jena 1911 aus dem Plenum heraus zum Nachfolger des verstorbenen Parteivorsitzenden Paul Singer vorgeschlagen wurde. Überraschend war jedoch, dass Ebert, mit dem die ganze Sache nicht abgesprochen war, 102 Stimmen erhielt, obwohl er vor der Wahl ausdrücklich von einer Kandidatur Abstand genommen hatte. Der von der Parteiführung favorisierte Hugo Haase wurde mit 283 Stimmen an die Seite von August Bebel gewählt. Mit dem Verzicht hatte sich Ebert der vorher gefällten Entscheidung der zentralen Gremien gefügt und so mögliche Richtungskämpfe, die vor den Reichstagswahlen im Januar 1912 der Partei nur geschadet hätten, abgewendet. Gegen den Kandidaten des Vorsitzenden anzutreten und eine Kampfabstimmung heraufzubeschwören, kam für ihn aus Gründen der Loyalität nicht in Frage. Dies hätte ihm persönlich sicher auch geschadet und möglicherweise zum

Aufbrechen von Gräben innerhalb der Partei geführt. Es galt, Geschlossenheit an den Tag zu legen. Ein weiterer Grund für seinen Verzicht dürfte wohl auch die Tatsache gewesen sein, dass ihm das für die Reputation eines Spitzenfunktionärs wichtige Reichstagsmandat noch fehlte. Das errang er wenige Monate später.

Dreimal – 1898, 1903, 1906 – hatte sich Ebert vergeblich um einen Sitz im Reichstag bemüht. Ohnehin handelte es sich dabei mehr oder weniger um sogenannte Zählkandidaturen in sozialdemokratisch unterentwickelten Bezirken, also Bewerbungen ohne Aussicht auf Erfolg. Sie dienten lediglich der Demonstration, dass die SPD überall im Lande präsent war und Gefolgschaft besaß, mochte es auch nicht für ein Mandat reichen, denn auch das Mehrheitswahlrecht zum Reichstag benachteiligte die Sozialdemokratie. In den Ein-Mann-Wahlkreisen schlossen sich die bürgerlichen Parteien spätestens in der entscheidenden Stichwahl ganz überwiegend zu einer antisozialistischen Einheitsfront gegen die »Umsturzpartei« zusammen.

Im Januar 1912 gewann Ebert das Mandat im Wahlkreis Elberfeld-Barmen (heute Wuppertal). Die SPD im Bergischen Land hatte ihn, der während seiner Wanderschaft in Barmen Station gemacht hatte, als prominenten Mann der SPD-Führung schon 1909 nominiert, um den 1907 verlorenen Kreis zurückzuholen. Das gelang. Zwar verfehlte er in der ersten Runde knapp die erforderliche absolute Mehrheit, doch setzte er sich dann in der Stichwahl gegen den bisherigen freikonservativen Mandatsträger durch. Nach dieser letzten Wahl vor Ausbruch des Krieges stellte die SPD mit 110 Abgeordneten die stärkste Fraktion, hinter der 4,25 Millionen Wähler standen, was 34,8 Prozent der Stimmen entsprach. Im Parlament ergriff Ebert vor dem Krieg nur selten das Wort, auch nicht zu den großen Streitfragen der Zeit. Seine politische Karriere machte er eben nicht wie sein Vorstandskollege Philipp Scheidemann, der glänzende Rhetoriker, über den Reichstag, sondern über die Parteiorganisation.

Es war Bestätigung der allgemeinen Anerkennung von Eberts Arbeit in der SPD-Führungsmannschaft, dass er dem als »Arbeiterkaiser« verehrten August Bebel folgen sollte. Am 20. September

1913 wählte der Parteitag in Jena Ebert mit 433 von 473 Stimmen zum Vorsitzenden neben Hugo Haase. Dies war Auszeichnung für mehr als zwanzig Jahre rastlose Parteiarbeit. Der Heidelberger Schneidersohn hatte sich das Vertrauen der Mitglieder und der Mehrzahl der Funktionäre erworben, wenngleich ihn die revolutionäre Linke wegen seiner reformorientierten Haltung mit Argwohn beäugte und ihm intellektuelle Leitwölfe wie Karl Kautsky theoretische Defizite attestierten.

Mit Ebert hatte man keinen neuen Bebel an die Spitze gewählt. In dessen Fußstapfen wollte und konnte er auch nicht treten. Mehr als den charismatischen Scharführer oder bewanderten Theoretiker benötigte die Massenpartei den Realpolitiker und Organisator. Mit dem Badener stand ein Mann aus der Mitte der Partei an der Spitze, der sein Handeln am politisch Machbaren orientierte, sich nicht auf Visionäres einlassen wollte und auch nicht vom abrupten Zusammenbruch des kapitalistischen Systems träumte, sondern der vom Glauben an Veränderungen durch Fortschritt getragen wurde. Damit repräsentierte der neue Vorsitzende die Mehrheit seiner Partei, deren Erscheinungsbild allerdings weiterhin wesentlich von den Linken und ihren revolutionären Parolen geprägt wurde. Doch trotz radikaler Semantik war die Sozialdemokratie am Vorabend des Ersten Weltkrieges keine revolutionäre, sondern mehrheitlich eine reformorientierte Partei, die politische Demokratie und sozialen Fortschritt auf parlamentarischem Weg erkämpfen wollte. Auch ihr Protagonist Ebert setzte auf einen allmählichen Wandel des wilhelminischen Systems. Er war groß geworden in einer legal operierenden Partei, die von einem Wahlsieg zum nächsten geeilt war. Das beförderte die Zuversicht auf sukzessive Verbesserungen. Als Parteifunktionär und SPD-Vorsitzender an der Seite von Hugo Haase ging es ihm also darum, die Schlagkraft der Sozialdemokratie zu erhöhen, um so dem kaiserlichen Klassenstaat Reformen abzutrotzen. Doch stand seine Zeit an der Spitze der Partei im Schatten des Ersten Weltkrieges, der ein Jahr nach seiner Wahl zum Vorsitzenden die Welt – und auch die deutsche Sozialdemokratie – bis in ihre Grundfesten erschüttern sollte.

4. Parteivorsitzender zwischen Burgfrieden und Klassenkampf

Während des Ersten Weltkrieges befand sich die SPD in ihrer schwersten Krise seit den Gründertagen. Friedrich Ebert sah sich Belastungen ausgesetzt, die keiner seiner Vorgänger auf der Zinne der Partei seit dem Ende des Sozialistengesetzes 1890 auch nur annähernd in dieser Dimension und über einen so langen Zeitraum hatte erfahren müssen. Am Ende des vierjährigen Krieges stand die Sozialdemokratie gespalten da. Ausgangspunkt war der 4. August 1914, als die SPD mit der Zustimmung zu den Kriegskrediten den Burgfrieden besiegelte, mit dem sie auf ihre bisherige fundamentale Opposition gegen den Staat verzichtete und der zum Spaltpilz der Partei werden sollte.

Die internationale Krise infolge des Attentates auf den österreichischen Thronfolger Franz Ferdinand am 28. Juni 1914 in Sarajewo beunruhigte erst nach einiger Zeit auch die SPD. Ebert brach angesichts heraufziehender Kriegswolken am 28. Juli seinen Familienurlaub auf der Ostsee-Insel Rügen ab. Im Zeichen einer drohenden militärischen Auseinandersetzung mobilisierte die Parteiführung ihre Anhängerschaft zu Massenversammlungen, auf denen hunderttausendfach ein »Nieder mit dem Krieg« erscholl. Die Stimmung innerhalb der SPD kippte dann in der ganzen Breite, als der Krieg zur Tatsache wurde. Alle zuvor innerhalb der Sozialdemokratie und auch der sozialistischen Internationale geführten Diskussionen um Strategien zur Kriegsverhütung waren binnen kurzer Zeit Makulatur geworden. Jetzt ging es nicht mehr darum, einen drohenden bewaffneten Konflikt der Völker abzuwenden, sondern um die Haltung zu einem ausgebrochenen Krieg.

Für den Kriegsfall befürchtete die SPD Repression und Verfolgung wie zu Zeiten des nicht einmal 25 Jahre zurückliegenden Sozialistengesetzes. Man wusste von solchen Planungen staatlicherseits: »Die Parteitätigkeit kann jeden Tag unmöglich gemacht werden«, beschrieb Ebert diese Furcht vor möglichen Gegenaktionen am 27. September 1914 auf der nach dem Kriegsausbruch ersten Sitzung des Parteiausschusses, des höchsten Gremiums

Urlaub im Zeichen heraufziehender Kriegswolken: Friedrich und Louise Ebert mit den Kindern Amalie und Georg im Juli 1914 auf der Ostsee-Insel Rügen.

zwischen den Parteitagen.[18] Vorsorglich schickte die Parteiführung nach Verkündung des drohenden Kriegszustandes Friedrich Ebert und Otto Braun, den hauptamtlichen Kassierer im Parteivorstand, am 30. Juli in die Schweiz, um für den Eventualfall von dort aus einen Nachrichtendienst zu organisieren. Da jedoch die befürchteten Restriktionen ausblieben, rüstete sich Ebert bald zur Rückkehr. Er traf am 4. August in Berlin ein, rechtzeitig zur parlamentarischen Abstimmung über die Kriegskredite, deren Befürwortung die Fraktion tags zuvor mit einer Mehrheit von vier Fünfteln beschlossen hatte. Friedrich Ebert stand auf Seiten der Mehrheit und war von Anfang an entschiedener Vertreter des Burgfriedens.

Die Zustimmung der SPD-Fraktion zu den Kriegskrediten überraschte die Öffentlichkeit, widersprach sie doch damit anscheinend ihrem ehernen Grundsatz, dem System keinen »Groschen« zu gewähren. Für Ebert wie für die meisten Sozialdemokraten gab es in den Tagen des Kriegsbeginns keine Zweifel daran, dass Deutschland sich in einer Verteidigungsposition gegenüber dem zaristischen Russland befand, das für die SPD seit jeher Sinnbild der Reaktion und Unterdrückung darstellte. Die Reichsführung hatte äußerst geschickt das Bild des von Russland Angegriffenen vermittelt, um damit die eigene bewusste Inkaufnahme eines Waffengangs zu verschleiern. Die Furcht vor der russischen Dampfwalze bestärkte bei Ebert und der Mehrheit der Sozialdemokraten das Gefühl, die nationale Unabhängigkeit verteidigen zu müssen. Dabei glaubte er sich im Einklang mit dem seit jeher gültigen sozialdemokratischen Bekenntnis zur Landesverteidigung, vor allem dann, wenn als vermeintlicher Kriegstreiber der Zar ausgemacht worden war. Der 1913 verstorbene Parteivorsitzende August Bebel hatte öffentlich die Verpflichtung abgegeben, dass im Falle eines Angriffskrieges die SPD bis zum »letzten Mann« bereit sei, den deutschen Boden zu verteidigen. Er selbst als »alter Knabe« werde die »Flinte auf den Buckel« nehmen, wenn es gegen das zaristische Reich gehe.[19]

Die Verteidigung gegen den russischen Despoten war ein zentrales Motiv für die Zustimmung zu den Krediten bei Kriegsbeginn. Zu diesem Beweggrund gesellte sich bei einigen Sozialdemokraten sogleich die Erwartung, dass die Reichsführung ihr Stillhalten mit der längst überfälligen Demokratisierung des preußischen Wahlrechts vergelten würde, gegen das die Sozialdemokratie nach der Jahrhundertwende vergeblich Sturm gelaufen war. Für Ebert aber war die Zustimmung zu den Krediten kein Pfand, das er gegen substantielle Reformen einlösen wollte. Noch im Frühjahr 1916 unterstrich er im Reichstag, dass die Sozialdemokratie keine Gegengabe für ihre Haltung zur Landesverteidigung einfordere. Diese dürfe nicht »Objekt eines politischen Schachergeschäftes« sein.[20] Wenn auch Ebert stets die »staatsbürgerliche Gleichberechtigung aller auf allen Gebieten«[21] und mit der Zeit immer stärker vor allem die Abschaffung des preußischen Dreiklassenwahlrechts anmahnte, machten er und die sozialdemokratische Mehrheit das Bekenntnis zur Landesverteidigung nicht von irgendwelchen Zugeständnissen der Regierung abhängig. Die Landesverteidigung war und blieb der Wert an sich.

Situativ besonders nachhaltig auf die August-Entscheidung der SPD wirkte die allgemeine Kriegsbegeisterung, die bis weit ins sozialdemokratische Milieu hineinreichte, wenngleich in den Arbeitervierteln kein zügelloser Kriegsenthusiasmus ausgebrochen war und sich Sorge um die Zukunft und vor allem um die ins Feld ziehenden Angehörigen breitmachte. Die nach der Kriegserklärung zur Abstimmung nach Berlin reisenden sozialdemokratischen Abgeordneten nahmen subjektiv jedoch nachgerade euphorischen Jubel wahr. So registrierte auch Friedrich Ebert auf dem Rückweg aus der Schweiz eine patriotische Welle und eine »mächtige Begeisterung« unter den Arbeitern.[22]

Die tatsächlich vorherrschende zwiespältige Stimmungslage, zwischen Angst auf der einen und Patriotismus auf der anderen Seite, schlägt sich auch im Tagebuch seiner Tochter Amalie nieder: »Das Herz hätte einem springen mögen vor Schmerz und doch wieder vor Begeisterung.«[23] Das Erlebnis einer augenscheinlich über die Grenzen von Klassen und Parteien hinwegreichenden nationalen Einheit blieb – mehr unbewusst als bewusst – nicht ohne Einfluss auf die Haltung der SPD-Fraktion zu Kriegsbeginn, auch wenn Ebert wenige Wochen später deutlich machte, dass man sich von der Stimmung der Massen nicht habe leiten lassen.[24] Mit wehenden Fahnen eilten die Sozialdemokraten und mit ihnen Ebert jedoch nicht zur Abstimmung, denn, so strich er im April 1916 heraus: »[...] uns Sozialdemokraten ist es nicht leicht geworden, mit der Verteidigung unseres Landes auch das herrschende System mit zu schützen.«[25] So stellte sich für viele in der Partei die Frage, ob es wirklich notwendig war, die Zustimmung zu den Kriegskrediten im Sinne der Landesverteidigung mit dem Burgfrieden zu koppeln. Ebert beantwortete dies für sich mit einem Ja.

Die Zustimmung zur Kriegsfinanzierung signalisierte die Identifikation der Partei mit dem Schicksal des Reiches und markierte einen weiteren Schritt der SPD in die Nation. Diese »Burgfriedenspolitik« wurde aber nicht von allen getragen. In der August-

Abstimmung lagen die Wurzeln für das Auseinanderbrechen der SPD. Streitpunkt war vor allem die Frage, ob Regierung und bürgerliche Parteien das mit Einschwenken auf die Burgfriedenspolitik zum Ausdruck gebrachte Vertrauen verdienten und ob Verteidigung oder nicht doch Eroberungslust die Regierung zu den Waffen hatte greifen lassen.

Die Parteiführung hoffte, die Streitpunkte in den eigenen Reihen bis zum baldigen Kriegsende zurückstellen zu können, denn auch sie, wie die große Mehrheit der Deutschen, erwartete nur einen kurzen Waffengang. Da sich die Einschätzung als illusorisch erwies und der Krieg in einem menschenfressenden Grabenkampf erstarrte, konnte der Balanceakt, sich zwischen den Befürwortern und Gegnern einer Kreditbewilligung irgendwie durchzulavieren, nicht durchgehalten werden. Die Burgfriedenspolitik führte die Partei schließlich in eine Krise, der sie nicht mehr gewachsen und die Ebert nicht mehr zu managen in der Lage war.

Bereits in den August-Tagen 1914 schälten sich zwei in sich keineswegs homogene Richtungen heraus. Der Mehrheit unter der Führung Eberts, die den eingeschlagenen Weg bis Kriegsende fortsetzte, standen die Gegner um den anderen Vorsitzenden Hugo Haase gegenüber, zu denen sich bald prominente Köpfe wie der große Marx-Epigone Karl Kautsky und der Protagonist der Revisionisten, Eduard Bernstein, gesellten. Der labile parteiinterne Burgfriede erhielt erste sichtbare Risse bei der zweiten Kreditbewilligung im Dezember 1914, als Karl Liebknecht, Sohn des Parteigründers Wilhelm Liebknecht, im Reichstag gegen die Kriegskredite stimmte. Die Zahl der Abgeordneten, die sich in der Fraktion gegen die Annahme der Kriegskredite aussprach, wuchs kontinuierlich.

Von den Burgfriedensbefürwortern drängte der äußerste rechte Flügel die in ihren Augen flaue Führung, vor allem den um Einheit ringenden Vorsitzenden Ebert, die stetig wachsende Minderheit als lästigen Ballast aus der Partei zu werfen. Wenn auch Ebert der rechten Gruppe signalisierte, zu gegebener Zeit mit der Opposition abzurechnen, so hieß das nicht, sie *aus* der Partei zu drängen, sondern sie möglichst in ihrer Wirkung und in ihrem Einfluss *in* der Partei einzudämmen.

Wer an der Spitze der Partei steht, hat die Partei zusammenzuhalten.
Rede in der SPD-Reichstagsfraktion, 20. Dezember 1915

Ebert ging es darum, die Organisation intakt zu halten. Für ihn als Parteivorsitzenden war dies Auftrag, das »Bebelsche Vermächtnis«.[26] Die Einheit galt als Richtschnur ganz besonders in extremen Großwetterlagen, wie sie der Erste Weltkrieg darstellte, wo er dies geradezu zum politischen Imperativ erklärte. Auch wenn sein Zusammenleimen bei den rechten Genossen harsche Kritik hervorrief, verteidigte er das festgeschriebene Prinzip, trotz unterschiedlicher Meinungen innerhalb der Partei nach außen hin geschlossen aufzutreten. Demnach hatte das Votum der Fraktion im Reichstag einstimmig zu erfolgen; diejenigen aber, die die Mehrheitsentscheidung nicht mittragen wollten, durften der Abstimmung ohne großes Aufsehen fernbleiben. Auf diesen Modus verständigte sich die Fraktion im Februar 1915. Die Minderheit hatte sich also öffentlich der Mehrheit unterzuordnen, sonst drohe, so Ebert im November 1915 vor der Fraktion, »das organisatorische Gefüge«[27] aufgelöst zu werden. Es sollte so kommen.

Die Wirkung der Appelle an die demonstrative Einigkeit blieb unter den Belastungen des Krieges und angesichts der Schwere der Entscheidung nur zeitlich begrenzt. Das von Ebert konsequent verfochtene Prinzip der »Disziplin« wurde letztlich zum Sprengsatz. Die Burgfriedensgegner missbilligten dies als Maulkorb und scherten öffentlich aus: Im Dezember 1915 stimmten 20 Oppositionelle im Parlament gegen die Kredite. Sein zur oppositionellen Minderheit gehörender Mitvorsitzender Hugo Haase zog die Konsequenzen und trat als Fraktionsvorsitzender zurück. An seine Stelle wurde Ebert im Januar 1916 in die dreiköpfige Fraktionsführung gewählt. Auch wenn er die Aktion als Bruch der Parteidisziplin scharf missbilligte, so wehrte er den Vorstoß der Rechten auf Ausschluss der Verweigerer noch einmal ab. Erst als am 24. März 1916 ein Teil der Burgfriedensgegner ohne irgendeine Vorwarnung nach einer Rede des noch amtierenden Parteivorsitzenden Haase den sogenannten Nothaushalt im Reichstag ablehnte, dessen

Annahme die Fraktion zuvor mit knapper Mehrheit von 44 zu 36 Stimmen beschlossen hatte, war auch für ihn das gemeinsame Tischtuch zerschnitten. Unter der Führung von Haase bildete die Minderheit mit der anfangs aus 18 Köpfen bestehenden »Sozialdemokratischen Arbeitsgemeinschaft« eine eigene Fraktion. Der parlamentarischen Scheidung folgte ein erbitterter Kampf zwischen Mehrheit und Minderheit um die lokalen Organisationen und die Zeitungen der Partei. Die Fronten verhärteten sich; auch eine Reichskonferenz der SPD im September 1916 brachte keine Entspannung. Hier griff der lange um Vermittlung bemühte Ebert die Opposition scharf an, warf ihr persönliche Zänkerei, verwerfliche Kampfesweise und ein heuchlerisches, das Parteileben zerrüttendes Vorgehen vor.[28]

Die Gräben zwischen den Kontrahenten rissen in der Folgezeit noch weiter auf, so dass die Oppositionellen schließlich im April 1917 in Gotha die Unabhängige Sozialdemokratische Partei Deutschlands (USPD) ins Leben riefen, der sich als eigenständige Gruppe der linksradikale Spartakusbund um Karl Liebknecht und Rosa Luxemburg anschloss. Die Sozialdemokratie war damit auf Dauer auseinandergebrochen. Sie zehrte ihre Kräfte in einem »Bruderkampf« auf, der mit einer nie da gewesenen »Heftigkeit und mit all den hässlichen Begleitformen geführt« wurde, wie Ebert im April 1917 die kommenden Auseinandersetzungen zwischen den beiden sozialdemokratischen Parteien vorhersagte.[29] Diese bekam er unmittelbar zu spüren, denn die Parteiorganisation im eigenen Wahlkreis Elberfeld-Barmen sympathisierte mehrheitlich mit der Opposition und schloss sich schließlich der USPD an.

Eine weitere Enttäuschung bereitete das internationale Parkett. Initiativen für eine internationale Friedenskonferenz der Sozialisten verliefen im Sande. Im Juni reiste eine Delegation der Mehrheitssozialdemokraten, angeführt von Ebert und Scheidemann, der im Oktober auf dem Würzburger Parteitag zum zweiten Vorsitzenden in der Nachfolge von Haase gewählt werden sollte, nach Stockholm zu Vorgesprächen über eine Konferenz der sozialdemokratischen Parteien aller Länder. Ebert war ohne große Illusionen nach Schweden gereist, hatte sich aber doch von einer solchen

Die Delegation der Mehrheitssozialdemokratie weilt im Juni 1917 in Stockholm zu Vorgesprächen über eine internationale Friedenskonferenz, die jedoch nicht zustande kommen wird; v. l. n. r.: Friedrich Ebert, Eduard David, Philipp Scheidemann, Hermann Müller, Richard Fischer, Hermann Molkenbuhr und Johannes Sassenbach.

Zusammenkunft einen Beitrag zur Verständigung unter den Genossen der kriegführenden Staaten und vielleicht sogar eine den Friedensprozess fördernde gemeinschaftliche Aktion erhofft. Vergeblich. Auch die Sozialisten der verfeindeten Staaten standen sich unversöhnlich gegenüber.

Zu alledem kam noch die Sorge um die zum Kriegsdienst eingezogenen Söhne Friedrich, Georg und Heinrich. Der älteste Friedrich wurde im Juli 1916 schwer verwundet, kam aber Anfang 1917 wieder zur Truppe. Am 14. Februar 1917 erlag Heinrich im Alter von 19 ½ Jahren in Mazedonien einer schweren Verwundung. Auch im

Hause Ebert zog Trauer ein: »Der Schlag trifft uns sehr schwer. – Wir müssen uns trösten mit den vielen anderen, die ihr Liebstes verloren«, schrieb Ebert an Verwandte in Heidelberg.[30] Keine drei Monate später, am 5. Mai, fiel auch der 20-jährige Sohn Georg in Frankreich. Zurück kam Eberts letzter Brief an seinen Zweitältesten.

In diesem Brief hatte er die einige Wochen zuvor im Reich ausgebrochenen Streiks als den Friedensbemühungen abträgliche »Narrenstreiche« gerügt und angesichts der russischen Februarrevolution von der Hoffnung auf baldigen Frieden geschrieben. Denn Russland sei geschwächt und die neuen Machthaber in Petrograd würden nunmehr auf ein Ende der Kampfhandlungen drängen. Mit den russischen Sozialisten wolle er bald Fühlung für eine gemeinsame Friedensinitiative aufnehmen.[31]

Mit diesen Zeilen suchte Ebert Zuversicht zu vermitteln, aber er wusste sehr wohl, dass die Lage im Innern sich zuspitzte. Das schlug sich in den erwähnten Streiks vom April 1917 nieder, die politischer Natur waren und sichtbares Signal, dass die Heimatfront zu erodieren begann, auch ausgelöst durch den dramatischen Versorgungsmangel mit dem »Kohlrübenwinter« 1916/17 als Tiefpunkt. Auch an der Front griff zunehmend Kriegsverdrossenheit um sich, denn die Kampflinien waren festgefahren und die USA zum Kriegseintritt provoziert worden.

Dieses Stimmungstief draußen im Land bedrückte; daneben machte sich bei Ebert eine immense psychische und physische Arbeitsbelastung bemerkbar. Eine Konferenz jagte die andere; unzählige Besprechungen innerhalb der Partei, aber auch mit Regierungsstellen sorgten für höchste Beanspruchung, die ihn (und seine Kollegen) an den Rand der körperlichen Belastbarkeit trieben. Scheidemann errechnete für sich um die 6.000 Besprechungen in den Kriegsjahren, also ungefähr vier pro Tag.[32] Auf etwa die gleiche Schlagzahl dürfte auch Ebert gekommen sein, der sich im März 1917 einem Parteifreund offenbarte: »Wir sind jetzt in der Tat über alle Maßen überlastet.«[33] 1916 war der seit längerem an Magengeschwüren leidende Ebert nach einem Vortrag in Frankfurt/Oder zusammengebrochen, doch konnte die ärztlicherseits empfohlene Operation gerade noch abgewendet werden.

Trügerisches Familienidyll im September 1916 beim Kurzurlaub des zum Kriegsdienst eingezogenen Sohnes Heinrich; v. l. n. r.: Friedrich Ebert, Amalie, Heinrich, Louise, Friedrich jun. und Karl, fotografiert vom Sohn Georg.

Permanente Anspannung, enttäuschte Hoffnungen und vor allem der Tod seiner beiden Söhne dürften seine grundlegende Haltung beeinflusst haben. Anfang Juli 1917 beklagte ein ungeduldiger Ebert im Hauptausschuss des Reichstages, dem wichtigsten Gremium zwischen den Sitzungen des Parlaments, die Untätigkeit der Regierung in Sachen Demokratisierung.

Wozu die großen Opfer, wenn die Regierung nicht gewillt ist, uns das Notwendigste, Unentbehrlichste, Selbstverständlichste: die politische Gleichberechtigung, zu gewähren, die Fesseln der politischen Ungleichheit, das Dreiklassenwahlsystem, zu beseitigen.
Rede im Hauptausschuss des Reichstages, 3. Juli 1917

Die Reform des Dreiklassenwahlrechts in Preußen wurde für ihn und seine Partei endgültig zur Kardinalfrage der Innenpolitik. Die kaiserliche Osterbotschaft 1917 mit der Ankündigung von Reformen nach »Heimkehr unserer Krieger« blieb ein viel zu vages Versprechen. Nach Eberts Ansicht war die Zeit längst reif. Ein Vertrösten auf eine fernere Zukunft, auf das Ende des Krieges, wollte er nicht mehr hinnehmen: »Mit den bloßen Versprechen ist nichts getan.«[34] Bereits im April 1916 hatte er prophezeit, dass sich die aus den Schützengräben heimkehrende Generation ihr »politisches Leben nicht wieder in die Drahtverhaue des Dreiklassensystems« hineinzwängen lassen werde.[35] Im Juni 1916 warf er der Regierung im Reichstag vor, die von ihm als notwendig betrachteten politischen und sozialen Fortschritte nicht in Angriff genommen zu haben. Habe man sich in den ersten Monaten des Krieges noch in Ausflüchten winden können, dass politische Reformen zu diesem Zeitpunkt auf zu große Schwierigkeiten gestoßen wären, so könne das nicht mehr als Entschuldigung gelten. Denn mittlerweile dauerte der Krieg fast schon zwei Jahre, ausreichend Zeit, um Recht und Freiheit, wie er es nannte, fortzuentwickeln sowie Maßnahmen zur Verbesserung der wirtschaftlichen und sozialen Verhältnisse zu ergreifen.[36] Aber nichts geschah. Im März 1918 klagte er mit Recht: »Es ist alles anders gemacht worden von der Regierung, als abgemacht worden ist. Die Regierung hat uns düpiert!«[37]

Die Enttäuschung über die Regierung wurde jedoch – zumindest teilweise – aufgewogen durch eine sich anbahnende Zusammenarbeit mit den bürgerlichen Mittelparteien, die auf die SPD zugingen, als Ebert und weite Teile der Mehrheitssozialdemokraten den Boden des Burgfriedens zu verlassen drohten und eine neuerliche Zustimmung zur Kriegsfinanzierung von sichtbarer Bewegung in der Frage des Friedens abhängig machten. Damit setzte die Sozialdemokratie die bürgerlichen Parteien unter Druck, die gegenüber der SPD nicht mehr in einer Frontstellung verharren konnten. So entstand im Juli 1917 der »Interfraktionelle Ausschuss« aus SPD, katholischer Zentrumspartei und linksliberaler Fortschrittspartei. Mit diesem informellen Parlamentsgremium, dem zuerst auch die Nationalliberalen angehörten, durchbrach die SPD ihre politische

Isolation auf Reichsebene. Die neue Reformmehrheit entsprach dem Modell der späteren Weimarer Koalition, die dann im Februar 1919 die erste republikanische Regierung tragen sollte. Ein erstes sichtbares Zeichen setzte der Interfraktionelle Ausschuss mit der am 19. Juli 1917 vom Reichstag verabschiedeten Friedensresolution, die weitgehend dem sozialdemokratischen Diktum von einem Frieden der Verständigung ohne Gebietszuwächse und ohne Kriegsentschädigungen entsprach.

Die Friedensfrage stand mit dem Sturz des Zaren durch die russische Revolution im März 1917 auf der Tagesordnung. Sie wurde von der SPD ins Parlament getragen, die mit ihrer Forderung nach einem Frieden der Verständigung (»ohne Annexionen und Kontributionen«) einen Kontrapunkt gegen den »Siegfrieden« der Kriegstreiber setzte, die durch territorialen Zugewinn und wirtschaftliche Hegemonie Deutschland endgültig als Weltmacht etablieren wollten. Der Verständigungsfrieden wurde von Befürwortern und Gegnern weithin als »Scheidemann-Frieden« bezeichnet. Der Namensgeber, der sich in Sachen Frieden öffentlich besonders exponierte, mahnte am 15. Mai 1917 im Reichstag die Regierung, dass, wenn sie sich der Notwendigkeit eines baldigen Friedens verschließe, man »die Revolution im Lande« habe.[38] Das waren prophetische Worte.

Denn die Reichstagsresolution blieb Makulatur: Der von deutscher Seite diktierte Friedensvertrag von Brest-Litowsk mit Russland im März 1918 sprach ihr Hohn. Ebert hatte anderes erhofft: So hatte er am 1. Dezember 1917 im Reichstag das nach der Oktoberrevolution von den Bolschewiki unterbreitete Angebot eines Waffenstillstands als einen »ersten ernsten Schritt zum Frieden« begrüßt[39] und wenige Tage zuvor in Bremen den Burgfriedenskurs auch mit der Haltung der Reichsführung zum Frieden begründet: »[...] so lange nicht von maßgebender Seite versucht wird, dem Kriege den Charakter eines Eroberungskrieges aufzudrücken, so lange sich auch die Reichsregierung zu einem Verständigungsfrieden bereit erklärt, so lange ist die Stellungnahme der Sozialdemokratie zu den Kriegskrediten in bejahendem Sinne zu rechtfertigen.«[40] Brest-Litowsk aber widersprach dem hier erneut von Ebert ins Feld geführten Verständigungsfrieden. Trotzdem votierte die SPD nicht gegen den Vertrag, sondern enthielt sich der Stimme, auch um das ohnehin getrübte Verhältnis zu den Partnern des Interfraktionellen Ausschusses nicht noch weiter zu belasten, die das Verhalten Eberts und der Mehrheitssozialdemokratie beim großen Munitionsarbeiterstreik missbilligt hatten.

Die mächtigen Streiks Ende Januar 1918, als allein in Berlin Hundertausende auf die Straße gingen, offenbarten das Dilemma der Mehrheitssozialdemokraten: Einerseits wollten sie nicht noch weiter Einfluss in der Arbeiterschaft an die USPD verlieren, andererseits aber auch nicht dem System den Fehdehandschuh hinwerfen. Der Versuch Friedrich Eberts scheiterte, zwischen Streikenden und Reichsregierung zu vermitteln, um die Proteste ohne Schaden für das Reich und für die Streikenden zu beenden. Ebert wies der unnachgiebigen Haltung der Reichsleitung die Schuld zu, als er ihr am 22. Februar 1918 im Reichstag vorhielt, durch eine »unhaltbare Politik« den Ausstand verursacht, weder in der Friedensfrage für Klarheit gesorgt, noch die Ernährungslage entschärft zu haben.[41] Das war eine berechtigte Anklage, aber sie blieb ohne Folgen. Folgen aber besaß der Eintritt in die Streikleitung für Ebert – bis an sein Lebensende. Denn die politische Rechte leitete hieraus den Vorwurf des Landesverrats ab.

Insgesamt besaß der Interfraktionelle Ausschuss weder die Kraft noch die Homogenität oder gar den gemeinsamen Willen, um entschieden in das politische Vakuum vorzustoßen, das der kontinuierliche, auf mangelhafte Krisenbewältigung zurückzuführende Autoritätsverlust der Regierungsstellen hinterließ. Die Politik wurde immer mehr von der Obersten Heeresleitung (OHL) unter Generalfeldmarschall Paul von Hindenburg und seinem Stabschef Erich Ludendorff diktiert, nicht mehr von den zivilen Instanzen bestimmt. Reichskanzler Theobald von Bethmann Hollweg musste auf Druck der Militärs wenige Tage vor der Friedensresolution seinen Hut nehmen. Und die Ernennung von Georg Michaelis zum Nachfolger war ein Affront der Mehrheitsparteien. Ebert, der die Neubesetzung schlicht einen Missgriff nannte, läutete mit scharfer Anklage im Reichstag den Sturz von

Michaelis Ende Oktober 1917 ein. Auch den neuen Regierungschef Georg von Hertling konnte die SPD nur mit Widerwillen (so Ebert) akzeptieren.

Trotz aller Enttäuschungen, auch mit dem Interfraktionellen Ausschuss, von dem sich die SPD ein ums andere Mal im Stich gelassen fühlen musste, stand Ebert zu dieser semi-institutionalisierten Verbindung der Sozialdemokratie mit den bürgerlichen Kräften. Denn für ihn stellte sie einen Schub zur Anerkennung der SPD und ein Durchgangsstadium auf ihrem Weg zur Regierungsteilhabe dar. Insgesamt veränderte sich die Position der SPD im staatlichen Gefüge. War sie bis 1914 ausgegrenzt, so brachte der Krieg Sozialdemokraten in immer stärkerem Maße in Kontakt mit der Regierung, mit Behörden und Beamten, vor allem in zahlreichen Kommissionen und im Hauptausschuss des Reichstages. Mehr noch auf kommunaler Ebene gewann die SPD an Reputation und wurde in die Kriegsgesellschaft eingebunden.

Für Ebert selbst wirkte der Krieg als Katalysator seiner Karriere, in der Partei und über die eigenen Reihen hinaus. Er wuchs zum beachteten Politiker von nationaler Bedeutung, schließlich zur Schlüsselfigur der deutschen Innenpolitik. Der SPD-Vorsitzende, der 1914 für die herrschenden Klassen noch eine weitgehend unbekannte Führungsperson der Arbeiterbewegung war, galt im Herbst 1918 über Parteigrenzen hinweg als Hoffnungsträger, um das Reich doch noch irgendwie zu retten. Denn trotz der enttäuschten Erwartungen und einer stärker kritischen Positionierung war Ebert auch am Ende des vierten Kriegsjahres nicht zum Bruch mit der Regierung bereit. Noch im Juli 1918 gab er eine vorsichtig formulierte Solidaritätserklärung ab: »Wir haben nicht die Absicht, diese Regierung zu stürzen. Wir wollen ihr Gewissen schärfen, sie antreiben.«[42] Wenige Tage später stimmte die SPD für die letztmals geforderten Kriegskredite, getragen von der Furcht vor einer Niederlage.

Eberts Drängen auf Fortschritt erfüllte sich erst, als im Angesicht des sicheren militärischen Untergangs OHL und Reichsführung Reformen zugestehen mussten. Gegen Widerstände innerhalb der eigenen Reihen führte der Vorsitzende seine Partei entschlossen in die erste parlamentarisch gestützte Regierung unter dem am 3. Oktober bestallten neuen Reichskanzler, dem badischen Thronfolger Prinz Max von Baden. Vor den Spitzengremien der SPD rief er schon am 23. September dazu auf, sich in die »Bresche zu werfen«, um den ersehnten Frieden herbeizuführen und revolutionäre Verwerfungen wie in Russland abzuwenden. Dies sei »verdammte Pflicht und Schuldigkeit«. Ziel war es, nun endlich die eigenen Forderungen durchzudrücken, und, wenn möglich, mit der »Rettung des Landes« zu verbinden.[43]

Daran hielt Ebert auch fest, als die militärische Führung am 2. Oktober 1918 den Parteiführern reinen Wein einschenkte und die bis dahin kaum für möglich gehaltene Niederlage eingestand, zugleich auf Waffenstillstand drängte. Der militärische Offenbarungseid traf Ebert wie viele andere doch unvorbereitet. Er schien nahezu gebrochen, als er seine Fraktion über den Stand der Dinge informierte. Aufgrund der neuen Lage mehrten sich in der SPD die Stimmen gegen eine Regierungsbeteiligung. Otto Wels beschwor seinen Parteifreund Ebert: »Bist Du von Gott verlassen, lass doch zum Teufel den Frieden diejenigen schließen, die den Krieg geführt und Verantwortung getragen und den Waffenstillstand gefordert haben.«[44] »Von Gott verlassen« war der Parteivorsitzende keineswegs; er erkannte mit nüchternem Blick die Notwendigkeit, nun zuzugreifen, um das Kapitel Krieg zu einem einigermaßen erträglichen Ende zu bringen und die Chance zur Teilhabe an der Regierung zu nutzen. Ebert demonstrierte Entschlusskraft und brachte die Fraktion hinter sich, auch wenn er sich bewusst war, dass es »ein großes Opfer« für die Partei sein werde, letztlich ein »gewagtes Spiel«.[45]

> Wir sind in die Regierung hineingegangen, weil es heute um das ganze Volk, um seine Zukunft, um Sein oder Nichtsein geht. [...] Wir wissen, was wir mit unserem Schritt gewagt haben.
> *Rede im Reichstag, 22. Oktober 1918*

So gehörten mit Gustav Bauer und Philipp Scheidemann zwei Vertreter der SPD dem ersten parlamentarisch abgestützten Kabinett an. Den zögernden Scheidemann, der nicht in das von ihm von vornherein als bankrott bezeichnete Unternehmen eintreten wollte, vermochte Ebert, der mit gutem Grund als einer der »Hauptverantwortlichen für dieses Kanzlerschaftsprojekt« gesehen werden darf[46], zu überzeugen. Für die SPD war es zudem ein Erfolg, dass mit dem Reichsarbeitsamt ein eigenständiges Ressort für Sozialpolitik eingerichtet wurde, dem der enge Ebert-Freund Gustav Bauer vorstand, ein Mann aus den Gewerkschaften, Zweiter Vorsitzender der Generalkommission. Friedrich Ebert, den Max von Baden gern dabeigehabt hätte, trat nicht in die Regierung ein; er hielt die Partei bei der Stange und so dem Kabinett den Rücken frei. In seiner letzten Rede im kaiserlichen Reichstag am 22. Oktober 1918 feierte der SPD-Vorsitzende die Bildung der Regierung als »Geburtstag der deutschen Demokratie«.[47]

Die Ende Oktober 1918 verabschiedeten Verfassungsreformen, die das Gewicht des Reichstages gegenüber der Regierung stärkten und die konstitutionelle Monarchie in eine parlamentarische überleiteten, waren für ihn ein entscheidender Schritt in Richtung Demokratie. Dieser still vor sich hergehende Verfassungswandel war von oben, von der militärischen Führung, angesichts der desaströsen militärischen Situation zugestanden, aber gleichzeitig auch von unten, ganz entschieden von der Sozialdemokratie, erkämpft worden. In diesem Moment wollte Ebert die Monarchie noch erhalten, wenn diese sich über weitere grundlegende Reformen zu einer vollen Demokratie mit einem lediglich repräsentative Funktionen ausübenden Monarchen als Staatsoberhaupt entwickeln würde.

War er am Ziel seiner politischen Träume? Wohl nicht ganz, denn in der von der »Regierung des Volksvertrauens« eingeleiteten innenpolitischen Wende erblickte er nur den »Anfang eines Überganges«. Es müsse weiter gehen, denn, so prophezeite er im Reichstag am 22. Oktober: »Wenn die Völker fortschreiten und die Verfassungen stillstehen, kommen die Revolutionen.«[48] Diese aber wollte er in Deutschland unbedingt vermeiden.

Die Demokratisierung ist für Reich und Volk eine Lebensnotwendigkeit.
Postkarte, 2. November 1918

Wenn er auf einer privaten Zusammenkunft mit bürgerlichen Vertretern aus Politik und Wirtschaft am 31. Oktober 1918 davon sprach, die »Firma«, also die Monarchie, sei vorerst zu erhalten, so waren das kluge Worte. Denn am Ende eines verlorenen vierjährigen Krieges, in einem Moment, als Bankrott, Chaos und politisches Vakuum drohten, hätte ein radikaler verfassungsrechtlicher Schnitt die Lage noch zusätzlich verschärft. Davon war Ebert überzeugt. Die nach den Oktoberreformen demokratisierte »Firma« sollte mit einem anderen Fürsten an der Spitze als dem abgewirtschafteten Kaiser vorerst weiterbestehen. Für Ebert war klar: »Deutschland ist nicht reif für die Republik.« Noch nicht, so sind diese Worte zu deuten. Anderes herauszulesen, ignoriert sein Lebensziel.[49] Auf friedlichem Wege sollte der wilhelminische Semiparlamentarismus in den vollendeten Verfassungsstaat verwandelt werden. Das konnte auch unter monarchischem Banner erfolgen, musste nicht unbedingt sofort in die Republik münden. Doch wurde die Abdankung des Kaisers immer mehr zur Schlüsselfrage, denn mit ihm würden die Alliierten keinen Frieden schließen. So unternahm Ebert am 6. November bei General Wilhelm Groener, dem Nachfolger von Ludendorff als Erster Generalquartiermeister der OHL, und einen Tag darauf bei Prinz Max Vorstöße in Sachen Thronverzicht von Wilhelm II. Doch diese gingen ins Leere, so dass Ebert nur noch warnen konnte, nunmehr müssten die Dinge ihren Lauf nehmen.

Sie nahmen ihren Lauf, auch weil die Oktoberreformen zu spät, erst vor Toreschluss, gekommen waren, um noch eine mäßigende Wirkung auf die überhitzte Stimmung draußen im Lande zu erzielen. Sie wurden kaum mehr wahrgenommen. Die von den meuternden Marinesoldaten in den Häfen an Nord- und Ostsee ausgehende revolutionäre Fackel, getragen von den sich nach Frieden, Freiheit und Brot sehnenden Massen, zerstörte Eberts

Hoffnung auf einen allmählichen Übergang. Überrascht konnte er eigentlich nicht mehr sein, denn schon im Juli 1918 hatte er im Urlaub in Bayern ein für ihn doch so nicht erwartetes Schwinden der Zuversicht in der Bevölkerung erlebt, die einen »Frieden um jeden Preis« wolle. Auch in dem von den Ernährungsengpässen weniger betroffenen ländlichen Raum sei man, so notierte er in sein Tagebuch, mehrheitlich der Auffassung, »der Krieg nehme nur ein Ende, wenn das Volk selbst Schluss mache«.[50] Das Volk, kriegsmüde und ausgelaugt, handelte dann im November – und machte Schluss mit Kaisertum und Krieg.

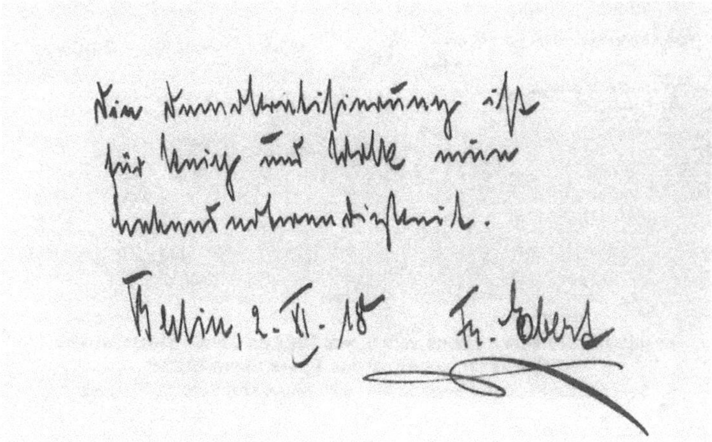

Postkarte Friedrich Eberts vom 2. November 1918: »Die Demokratisierung ist für Reich und Volk eine Lebensnotwendigkeit.«

Reichskanzler für einen Tag:
Friedrich Ebert im November 1918.

Kapitel II

Der Volksbeauftragte (1918/19)

1. Reichskanzler für einen Tag

Der 9. November 1918 wurde zum Wendepunkt der deutschen Geschichte. Die Ereignisse überschlugen sich: Im Zeichen der aussichtslosen militärischen Lage und der nun auch die Reichshauptstadt erreichenden revolutionären Lawine proklamierte am Morgen der Berliner Arbeiter- und Soldatenrat den Generalstreik. Die SPD schloss sich dem Aufruf an, zog ihre Mitglieder aus der Regierung Max von Baden zurück, da ihr am 7. November gestelltes Ultimatum auf Abdankung von Wilhelm II. und Thronverzicht des Kronprinzen endgültig verstrichen war. Am Morgen ventilierte Ebert bei Max von Baden das weitere Vorgehen; da scheint es auch um die Übertragung der Reichskanzlerschaft gegangen zu sein. Um die Mittagszeit empfing der Prinz eine von Ebert und Scheidemann angeführte fünfköpfige sozialdemokratische Delegation. Ohne von dem sich bis zuletzt sträubenden Kaiser autorisiert worden zu sein, hatte er soeben eigenmächtig dessen Abdankung verkündet. Obwohl damit eine der wesentlichen Forderungen der SPD aus den letzten Tagen erfüllt worden war, beharrte Friedrich Ebert im Sinne des morgendlichen Fraktionsbeschlusses auf Übernahme der Regierungsgewalt, und zwar »gründlich und restlos«.[1] Die Regierung sollte Männern übertragen werden, die das volle Vertrauen des Volkes besitzen würden. Im Klartext hieß dies, das Amt des Reichskanzlers mit einem Sozialdemokraten zu besetzen. Nach kurzer Beratung übergab Max von Baden die Kanzlerschaft an Ebert. Der SPD-Vorsitzende akzeptierte: »Es ist ein schweres Amt, aber ich werde es übernehmen.«[2]

Dieser verfassungsrechtlich so nicht vorgesehene, politisch aber angesichts der Lage unausweichliche Akt markierte eine historische Zäsur von großer Tragweite: Der Regierungschef des kaiserlichen Deutschland legte mit der Delegierung der Regierungsgeschäfte das Schicksal des in Erosion befindlichen Reiches dem Vorsitzenden der Partei in die Hände, die seit ihrer Gründung in den 1860er Jahren bekämpft worden war. Einer aus den Reihen der »vaterlandslosen Gesellen« sollte nun das Vaterland retten.

Nach den Erinnerungen von Max von Baden habe sein Nachfolger die Revolution wie »die Sünde« gehasst.[3] In dieser Überlieferung spiegelt sich auch ein Stück Rechtfertigung eigenen Handelns am 9. November wider. Denn der Prinz legitimierte so die Übertragung der Amtsgeschäfte an einen Mann der SPD, der von einer Revolution nichts wissen wollte, sondern einen maßvollen Wandel anstrebte.

Ebert hielt in der Tat die Revolution nach den Oktoberreformen nahezu für überflüssig. Ohnehin war er kein Revolutionär. Wenn Revolution Auflösung von Organisation und Ordnung, unkontrollierbare Maßnahmen mit unberechenbarer Wirkung, eine Herrschaft ohne Legitimation bedeutete und demokratische Spielregeln zugunsten einseitiger Interessenpolitik aushebelte, ja dann hasste Ebert die Revolution. So schrieb ein Parteigenosse später über ihn: »Badener von Geburt [...] lag ihm der demokratische Gedanke im Blute. Die Revolution war ihm zuwider.«[4] Ob dies ein prägender Wesenszug des gemeinen Badeners ist, mag dahingestellt sein. Für Ebert galt jedoch, dass er von einer grundstürzenden revolutionären Neuordnung nichts hielt. Denn obwohl ihm am 9. November die Macht quasi in den Schoß gefallen war, bemühte er sich um einen breiten Konsens. Und wo Grundsätzliches gefordert wurde, verwies er auf das kommende Parlament als Kerninstitution zur Verwirklichung von Ideen und Programmen. Der Reformpolitiker repräsentierte damit die große Mehrheit der SPD.

Vom jähen militärischen Untergang des Kaiserreiches überrascht, trat er in die Verantwortung. Auch in diesem Moment, wie generell in den entscheidenden Tagen im Herbst 1918, offenbarte er seine Identifikation mit dem Schicksal des Reiches. Dies paarte sich mit einem über die eigene Partei hinausreichenden Verantwortungsethos. Beides bestimmte auch sein Handeln nach dem Umsturz vom 9. November, durch den er nun endgültig zum wichtigsten Mann der deutschen Politik wurde. Auch wenn er offiziell nur einen Tag, bis zur Bildung der Regierung der Volksbeauftragen am 10. November, Reichskanzler war, sollte er die Phase bis zum Zusammentritt der Nationalversammlung im Februar 1919 prägen.

Mit der durch die Oktoberreformen vollzogenen Parlamentarisierung, der Abdankung des Kaisers und der Übernahme der Regierung sah Ebert die wesentlichen Punkte des sozialdemokratischen Forderungskatalogs umgesetzt. Ganz in diesem Sinne formulierte er kurz darauf: »Deutschland hat seine Revolution vollendet.«[5] Die Weichen waren gestellt; wohin der staatsrechtliche Zug zunächst jedoch fahren sollte, ließ er noch offen. Hatte er sich im Gespräch mit Max von Baden am 6. November, in dem er sich selbst als einen überzeugten Republikaner bezeichnete, noch mit einer »Monarchie mit sozialem Einschlag unter parlamentarischem System«[6] einverstanden erklärt – allerdings ohne den vollkommen diskreditierten Wilhelm II. –, so wurden solche Gedanken von der weiteren Entwicklung überrollt.

Die sich rasch über das ganze Reich ausbreitende Revolution verlangte ein weithin sichtbares Signal des Systemwechsels, quasi eine Bestätigung, dass die Kronen der Hohenzollern und der Bundesfürsten für immer im Staub der Geschichte lagen. Philipp Scheidemann nahm sich dieser Aufgabe an, rief gegen 14 Uhr an diesem 9. November von einem Balkon des Reichstages die deutsche Republik aus und versetzte damit der eigentlich schon auf dem Totenbett aufgebahrten Monarchie den finalen Stoß.[7] Mit dieser Tat waren jegliche Gedanken, vorerst noch an einer zu demokratisierenden Monarchie festzuhalten, gänzlich obsolet geworden. Jetzt konnte es nur noch den Schritt vorwärts in die Republik geben. Scheidemanns Aktion brachte ihm – folgt man seinen Erinnerungen – Kritik von Ebert ein, der die Ausrufung der Republik als unzulässigen Vorgriff auf die schnellstens einzuberufende Verfassungsversammlung missbilligt habe. Es ist zu bezweifeln, ob dies, wie Scheidemann überliefert, der eigentliche Grund für Eberts Tadel war. Die Monarchie war erledigt, das war Fakt. Ebert konnte so blauäugig nun nicht sein, die Frage in diesem Moment noch für offen zu halten, auch wenn er lange Gedanken an eine Reichsverweserschaft in Gestalt von Prinz Max hegte. Er dürfte sich wahrscheinlich eher daran gerieben haben, dass sein Vorstandskollege öffentlich kundgetan hatte, der im Werden befindlichen neuen, von Ebert geführten Regierung würden alle sozialistischen Parteien, also SPD und USPD, angehören. Damit durchkreuzte er Eberts Plan, vielleicht doch eine breite Regierung unter Einschluss der bürgerlichen Mittelparteien zu installieren. In seiner allerersten Proklamation als Reichskanzler hatte er noch von seinem Willen geschrieben, eine neue »Volksregierung« im »Einvernehmen mit den Parteien« zu bilden[8], was auch die bürgerlichen meinen konnte (aber nicht unbedingt musste). Ebert befürchtete durch die Festlegung Scheidemanns grundsätzlich eine Irritation der reformbereiten bürgerlichen Kräfte, mit denen die SPD seit 1917 im Interfraktionellen Ausschuss zusammenarbeitete und die er auf dem Weg in die Republik brauchte. Ohne Not hatte Scheidemann nach Eberts Ansicht die eigenen Handlungsoptionen reduziert und die SPD gebunden.

Am 9. November galt es schnell und entschlossen zu handeln, um das politische Vakuum zu füllen. Mit sicherem Machtinstinkt ergriff Ebert die Initiative und lud die USPD zur Bildung einer gemeinsamen Regierung ein. Ebert und Scheidemann hatten schon am Morgen um 10 Uhr die Unabhängigen aufgesucht und ihnen zu deren Überraschung das Projekt angeboten. In den Verhandlungen zeigte sich Ebert offen, was die Besetzung betraf, und war sogar bereit, mit Karl Liebknecht vom Spartakusbund seinen schärfsten Gegner im sozialistischen Lager als Regierungsmitglied zu akzeptieren. Dies hätte die extreme Linke eingebunden und Opposition vom revolutionären Teil der Arbeiterbewegung absorbiert. Doch Liebknecht, der auf einer Übertragung aller Gewalt an die Arbeiter- und Soldatenräte beharrte, was für Ebert unannehmbar war, verzichtete auf einen Regierungseintritt.

> Wir haben diese Aufgabe übernommen in der schwersten Not, in der sich je ein Volk befunden hat: nach einem mehr als vierjährigen Krieg mit einem unseligen Abschluss, der nicht nur die materiellen, sondern auch die moralischen Kräfte des Volkes völlig erschöpft hatte [...].
> *Rede vor dem Reichsverband der Deutschen Industrie, 7. Januar 1920*

Am 10. November bildete sich der »Rat der Volksbeauftragten«, die Revolutionsregierung, aus je drei Vertretern der beiden sozialdemokratischen Parteien: von der SPD Friedrich Ebert, Philipp Scheidemann und Otto Landsberg, von der USPD Hugo Haase, Wilhelm Dittmann und Emil Barth. Nun saß Ebert mit den alten Parteigenossen, darunter seinem vormaligen Mitvorsitzenden Haase, an einem Tisch, die eineinhalb Jahre zuvor die Partei verlassen hatten. Dazwischen lag eine Zeit der erbitterten Auseinandersetzung um Erbe und Infrastruktur der Partei, die doch tiefe, noch unvernarbte Wunden hinterlassen hatte. Diese Erfahrung musste nun hintangestellt werden, um in Gemeinschaft das Kommende zu bewältigen.

Am Abend des 10. November wurde die Revolutionsregierung auf der Versammlung von 3.000 Arbeiter- und Soldatenräten im Zirkus Busch bestätigt. Auch wenn Ebert mit dem Aufruf, den Bruderstreit zu begraben, frenetischen Beifall erntete, so wurde er in der äußerst turbulenten Atmosphäre von USPD und Spartakusleuten bedroht und verbal angegriffen. Fest im Sattel saß die neue Regierung eben noch nicht. In der Folge kam es zu einem mannigfaltigen Gerangel um Kompetenzen zwischen der Regierung und dem von linken Kräften dominierten Vollzugsrat des Groß-Berliner Arbeiter- und Soldatenrates, der auf der Versammlung im Zirkus Busch als revolutionäre Kontrollinstanz der neuen Regierung installiert worden war.

Die Parität im Rat der Volksbeauftragen, den Scheidemann später einmal als sechsköpfigen Reichskanzler charakterisierte[9], war eine zahlenmäßige, nicht eine des politischen Gewichts. Denn Ebert, für die zentralen Aufgabenbereiche Innenpolitik und Militärwesen zuständig, dominierte im Revolutionskabinett, obwohl Haase formell gleichberechtigter Vorsitzender war. Der SPD-Vorsitzende leitete die Kabinettssitzungen und wurde weithin als eigentlicher Regierungschef angesehen. Faktisch war Friedrich Ebert die zentrale Figur in den Revolutionswochen. Für die überwiegend unangetastete Ministerialbürokratie und auch in der späteren Erinnerung der Republik galt er als »Reichskanzler« der Revolutionszeit. Eberts Zeit als Volksbeauftragter war auf der einen Seite bestimmt vom Erbe des Kaiserreiches und den Folgelasten des verlorenen Krieges, auf der anderen von seinem demokratischen Selbstverständnis, das Richtschnur blieb.

Ebert und die Mehrheitssozialdemokratie hatten die Revolution zwar nicht gewollt, stellten sich aber sofort an die Spitze der Bewegung, um das Reich vor dem Fall ins Ungewisse zu bewahren. Der mehr als vierjährige Krieg mit einer alle gesellschaftlichen Bereiche erfassenden Mobilisierung hatte das Sozialgefüge deformiert und die Klassengegensätze verschärft. Deutschland war ausgezehrt, die Bevölkerung demoralisiert. Für eine Stabilisierung mussten die im Krieg gewachsenen Klassenspannungen abgebaut und die zerrissene Gesellschaft befriedet werden. Das durch die Oktoberreformen aus dem Zustand des Semiparlamentarismus herausgetretene Reich sollte schrittweise zum festen demokratischen Verfassungsstaat geformt werden. Dabei stand die Revolutionsregierung vor einer der komplexesten Problemlagen deutscher Geschichte in neuerer Zeit, vor Schwierigkeiten, wie sie noch kein wirtschaftlich so hochentwickeltes Land zu meistern hatte. Das betonte Ebert immer wieder. In der Tat: Akute Probleme verlangten Entscheidungen in kürzester Frist.

2. Konkursverwalter der Monarchie und Wegbereiter der Republik

Das Kaiserreich fiel wie ein Kartenhaus in sich zusammen. Der nahezu abrupte Zusammenbruch war nicht gezielt von einer auf die Übernahme der Macht vorbereiteten Organisation herbeigeführt worden. Unvorbereitet war auch die SPD, die sich ganz im Sinne der vielfach zitierten Worte von Karl Kautsky aus dem Jahr 1893 als eine revolutionäre, nicht aber als eine revolutionsmachende Partei verstand. Aber als es die Lage erforderte, griffen die Sozialdemokraten zu, allen voran Ebert. Die neuen Machthaber hatten keine fertige Blaupause für sofortige oder mittelfristige Maßnahmen bei einer Machtübernahme in der Schublade. Schon gar nicht verfügte Ebert über ein Logbuch, wie ein schlingerndes, vom Untergang bedrohtes Staatsschiff wieder auf Kurs zu bringen war.

In Anbetracht der Ausgangslage, am Ende eines mehr als vierjährigen Krieges, konnten Ebert und seine Genossen nicht generalstabsmäßig am Reißbrett und vor allen Dingen nicht in Ruhe einen neuen Staat entwerfen. Denn die zu Grabe getragene Monarchie hatte noch einen ganzen Stapel existentieller Probleme hinterlassen. So begriff sich die Revolutionsregierung zunächst einmal als Konkursverwalter des alten Regimes, der dieses Erbe abarbeiten musste.

> [...] die provisorische Regierung hat eine sehr üble Erbschaft angetreten. Wir waren im eigentlichsten Wortsinne die Konkursverwalter des alten Regimes: Alle Scheuern, alle Läger waren leer, alle Vorräte gingen zur Neige, der Kredit war erschüttert, die Moral tief gesunken. Wir haben [...] unsere beste Kraft eingesetzt, die Gefahren und das Elend der Übergangszeit zu bekämpfen. Wir haben der Nationalversammlung nicht vorgegriffen. Aber wo Zeit und Not drängten, haben wir die dringlichsten Forderungen der Arbeiter zu erfüllen uns bemüht.
>
> *Rede zur Eröffnung der Nationalversammlung, 6. Februar 1919*

Die Regierung stand vor einer Doppelaufgabe: zum einen die unmittelbare Not zu überwinden und den drohenden wirtschaftlichen Kollaps abzuwenden, zum anderen die Spur in die Demokratie freizulegen. Was ganz oben auf der Agenda rangierte, verkündete die am 9. November noch allein aus den Mehrheitssozialdemokraten Ebert, Scheidemann und Landsberg bestehende »Reichsregierung«: »Waffenstillstand zu schließen und Friedensverhandlungen zu führen, die Volksernährung zu sichern, den

Volksgenossen in Waffen den raschesten geordneten Weg zu ihrer Familie und zu lohnendem Erwerb zu sichern«.[10] Damit hatten die drei Mehrheitssozialdemokraten, die dann tags darauf ins paritätische Revolutionskabinett eintraten, in einem Satz die Bereiche benannt, auf denen der Fokus zu liegen hatte. Zudem sprachen sie schon davon, sich für die Wahl eines konstituierenden Nationalparlaments einzusetzen. Mit diesem Aufruf noch vor der offiziellen Inthronisierung der Regierung der Volksbeauftragten war deren Aufgabenpaket umrissen.

Blicken wir zunächst auf die Nachlassverwaltung. Am 11. November schwiegen die Waffen mit dem vom Zentrumspolitiker Matthias Erzberger im französischen Compiègne unterzeichneten Waffenstillstand, um den die Regierung Max von Baden bereits am 4. Oktober nachgesucht hatte. Auch wenn man nicht kapituliert hatte, so stellten die Bedingungen und die »nie vorher gesehene und nicht vorhersehbare Dauer« des Waffenstillstandes – wie Ebert noch Anfang 1920 betonte – eine enorme zusätzliche Belastung der Regierung dar.[11] Das galt besonders für den Bereich der Ernährung. Deutschland war auf ein Entgegenkommen der Alliierten angewiesen; nur durch Lebensmitteleinfuhren war die Grundversorgung einigermaßen zu gewährleisten. Doch die Siegermächte hielten die Seeblockade aufrecht. Absicherung und Akzeptanz der Revolutionsregierung hingen wesentlich von Erfolgen an der Ernährungsfront ab. Denn ein entscheidender Grund, warum die Massen im November 1918 auf die Straße gegangen waren, war die höchst prekäre Versorgungslage gewesen. Neben »Frieden« und »Freiheit« hatte nach zwei Hungerwintern und mit Aussicht auf einen dritten mit weiteren zahlreichen Opfern auch »Brot« auf den Fahnen der Unzufriedenen gestanden. Und für »Brot« hatte nun der Rat der Volksbeauftragten zu sorgen. Die Lage gestaltete sich so ernst, dass Ebert die Bestallung des neuen Leiters des Kriegsernährungsamts handschriftlich mit der Mahnung ergänzte, dass jegliche Eingriffe von außen »ausdrücklich verboten« seien, um nicht die »Gesundung unserer Volksernährung« zu gefährden.[12] Nichts sollte die Aktionsfähigkeit der wichtigen Behörde hemmen. Doch die Krise spitzte sich zu; kaum

Einzug der Fronttruppen am 10. Dezember 1918, begrüßt vom Volksbeauftragten Friedrich Ebert und dem Berliner Oberbürgermeister Adolf Wermuth (r.) auf dem Podest.

hatte sich die Regierung gebildet, erhielt sie die Mitteilung, dass die Reichsgetreidestelle nur noch bis Dezember Mehl habe. Noch zur Jahreswende 1918/19 malte Ebert in äußerst düsteren Farben, wenn er auf die Lage auf dem Nahrungsmittelsektor zu sprechen kam.[13] Wie ein roter Faden zog sich durch seine Reden in diesen Wochen die Furcht vor einem Zusammenbruch der Lebensmittel- und Energieversorgung. Beides hing eng miteinander zusammen. »Stört nicht die Kohlenwirtschaft«, mahnten Ebert und Haase am 11. November.[14] Denn falls es nicht gelingen sollte, die Kohleförderung mindestens einigermaßen aufrechtzuerhalten (wenn schon nicht zu steigern, was zur Deckung des Bedarf notwendig war), so würde sich dies auch verheerend auf die Nahrungsmittelproduktion auswirken.

Für zusätzliche Erschwernisse sorgte die Umstellung der Kriegsproduktion auf Friedenswirtschaft. Davon betroffen waren immerhin drei Millionen Rüstungsarbeiter. Annähernd 95 Prozent der gesamten Industrie seien auf Kriegsbedürfnisse eingestellt, hielt Ebert am 21. November 1918 in seinem Tagebuch fest[15]; die Industrie musste schlagartig für die zivilen Erfordernisse produzieren. Über acht Millionen vom Kriegsschauplatz heimkehrende Soldaten waren in eine sich grundlegend wandelnde Wirtschaft einzugliedern. Der Markt verlangte nicht mehr Stahlhelme, sondern Kochtöpfe.

Die nach rascher Lösung drängenden Fragen bewirkten eine Zurückhaltung der Revolutionsregierung bei strukturellen und personellen Reformen, die mit erheblichen Risiken behaftet gewesen wären. Der von Ebert immer wieder ins Feld geführte Problemstau am Ende des verlorenen Krieges ließ aus seiner Sicht keinen Spielraum für personelle Eingriffe in bestehende Verwaltungsstrukturen. Gerade die akuten Handlungszwänge machten es in seinen Augen zwingend erforderlich, sich auf das Wissen von erfahrenem und versiertem Personal zu stützen.

Angesichts der krisenhaften innenpolitischen Situation und der außenpolitischen Zwangslagen glaubte er auf die alten, im Wesentlichen noch intakten zivilen und militärischen Apparate aus der Vorrevolutionszeit zurückgreifen zu müssen, getragen von der Furcht vor dem Verlust der Kontrolle über die Lage. So verständigte er sich am 10. November telefonisch mit General Wilhelm Groener auf eine Zusammenarbeit. Das Gespräch fand möglicherweise in den Abendstunden statt, in einer von Ebert vor dem Hintergrund der Versammlung im Zirkus Busch als explosiv eingestuften Atmosphäre. Der General, der entscheidende Mann in der OHL neben deren Chef Paul von Hindenburg, sicherte der neuen Regierung die Unterstützung der militärischen Zentrale zu. Im Gegenzug erwartete sie die Beibehaltung der Kommandostrukturen. Ebert, dem die Bereitschaft der OHL zum Beistand in diesem Moment, als die Macht noch nicht gesichert war, willkommen sein musste, machte keine politischen Zugeständnisse. Ein konspirativer »Pakt« des Volksbeauftragten Ebert mit den alten militärischen Gewalten zur Niederhaltung der Arbeiterbewegung, wie dies später behauptet wurde, war dies nicht. Die Übereinkunft entsprach schlicht politischer Zweckmäßigkeit und stellte einen entscheidenden Akt zur Stabilisierung der soeben erst übernommenen Regierungsverantwortung dar. Mit der gegenseitigen Akzeptanz von neuer ziviler und alter militärischer Führung sollte auch die Gefahr eines antirevolutionären Gegenschlags aus dem kaiserlichen Offizierskorps gebannt werden. Zudem erforderte nach Eberts Überzeugung die schnelle Rückführung der noch weit in Feindesland stehenden Truppen, die nach den Bedingungen des Waffenstillstandsabkommens innerhalb von grademal zwei Wochen erfolgen musste, einen eingespielten militärischen Apparat, über den nach seiner Einschätzung eben nur die OHL verfügte.

> Wir mussten, nachdem wir die politische Macht in die Hand genommen hatten, dafür Sorge tragen, dass die Reichsmaschine nicht zusammenbricht [...], wir mussten Sorge tragen, dass diese Maschine weiterläuft, um unsere Ernährung und Wirtschaft aufrechterhalten zu können. [...] Das konnten wir sechs Mann allein nicht machen; dazu brauchten wir die erfahrene Mitarbeit der Fachleute.
> *Rede auf der Länderkonferenz, 25. November 1918*

Wie auf dem militärischen Gebiet unternahm der Rat der Volksbeauftragten auch in anderen Feldern keine nachdrücklichen Versuche zu einem personellen Revirement. Die Möglichkeit, in den administrativen Kernbereichen Männer der alten Systemzeit abzuberufen und Kräfte aus den eigenen Reihen in leitende Funktionen zu bringen, um so einen Neuanfang zu signalisieren, wurde nicht ausgetestet. Selbst wenn der Wille hierzu vorhanden gewesen wäre, so bleibt die Frage offen, ob die Sozialdemokratie über ein ausreichendes Reservoir an Ersatz verfügt hätte, die in Verwaltung oder Militär hätte einspringen können. Bei diesem Verzicht auf eine personelle Erneuerung und auf die Einleitung von Reformen spielte neben einem auf das Funktionieren des Staates ausgerichteten Denken die Sorge um die Konsolidierung der wirtschaftlichen und sozialen Lage eine zentrale Rolle: »Ein Versagen der Organisation [...] würde Deutschland der Anarchie und dem schrecklichsten Elend ausliefern«, hatte der neue Reichskanzler Ebert bereits am 9. November gemahnt.[16] Hier sprach der Politiker, für den eine aktionsfähige Organisation die Voraussetzung für praktisch-politisches Handeln darstellte. Daher ließen die neuen Machthaber das personalpolitische Gefüge der obersten Behörden weitgehend unangetastet, hielten ganz im Gegenteil die kaiserlichen Beamten dazu an, sich in den Dienst der neuen Regierung und der Demokratie zu stellen. Und als selbst zwei Schaltstellen im Dezember durch Rücktritt neu zu besetzen waren, griffen die Volksbeauftragten auf Fachmänner des alten Apparats zurück: Als Staatssekretär des Äußeren holten sie den Berufsdiplomaten Ulrich Graf Brockdorff-Rantzau, als neuen preußischen Kriegsminister setzte Ebert auf den Württemberger Walther Reinhardt, den er als fähigen Organisator kennengelernt hatte. Von Bedeutung war zudem die Berufung des liberalen Rechtsprofessors Hugo Preuß Mitte November zum Staatssekretär des Innern, der wesentlich die spätere Reichsverfassung entwerfen sollte.

Zurückhaltung übten die Mehrheitssozialdemokraten auch in strukturpolitischen Fragen. Das betraf zentral die Sozialisierung, die von jeher ganz oben auf dem wirtschaftspolitischen Zielkatalog der SPD stand. Ad hoc hielt Ebert sie für nicht realisierbar. Auf der Konferenz der Länder am 25. November benannte er die augenblicklichen Hemmnisse, die seiner Meinung nach einer Vergesellschaftung der Produktionsmittel entgegenstanden: »[...] jetzt, wo die Produktivkräfte fast völlig erschöpft sind, ist es ungemein schwer, ja fast unmöglich, diese Absicht in die Tat umzusetzen. Deshalb gilt es zunächst, unseren Arbeitern und den von der Front zurückströmenden Soldaten Arbeit und Lebensmöglichkeit zu schaffen.«[17] Er hielt es für ein Wagnis, den Wiederaufbau der Wirtschaft und die damit eng zusammenhängende Integration der Soldaten durch Umstrukturierungen in Gefahr zu bringen. »Sozialismus ist nach unserer Auffassung nur möglich«, so führte er in seiner Eröffnung der Nationalversammlung am 6. Februar 1919 aus, »wenn die Produktion eine genügend hohe Stufe der Arbeitsleistung innehält.«[18] Diesem Argument wohnte durchaus Plausibilität inne.

Ebert betrachtete eine Entscheidung über die Eigentumsordnung als Obliegenheit des künftigen Parlaments. Außerdem war die Sozialisierung ein Feld, für das er einen breiten Konsens über das sozialdemokratische Lager hinaus herstellen wollte, so dass zunächst eine Kommission von Sachverständigen, der auch bürgerliche Vertreter angehören sollten, zu klären hatte, welche Industrien eigentlich als sozialisierungsreif gelten konnten.[19] Das war Eberts Weg, der sich immer die Frage stellte, ob man die von der Verfügbarkeit von Kohle abhängige Ernährungslage durch Eingriffe in die Eigentumsstruktur des Kohlebergbaus zusätzlich gefährden sollte. »Keine Experimente« lautete seine Parole. Ebert wähnte sich in einer Situation, in der man zwischen Notstandspakt und Strukturreform zu entscheiden hatte. Beides gleichzeitig war seiner Einschätzung nach in diesen Tagen nicht zu haben: Brot (und Kohle) brauchte man jetzt, Strukturreformen konnten aufgeschoben werden. Sie mussten damit ja nicht auf ewig vertagt sein. Sie sollten es aber sein, denn eine parlamentarische Mehrheit hierfür fand sich nicht mehr.

In dieser auf Konfliktvermeidung und sorgsamen Wandel ausgerichteten Politik konnte Ebert nichts weniger gebrauchen als politische Streiks um Dinge, die in die Entscheidungsbefugnis des kommenden Parlaments gehörten: »Sorgt für Ruhe und Ordnung!«[20] schloss daher der allererste Aufruf des sozialdemokratischen Reichskanzlers. Das war Appell an die Vernunft, nicht durch blinden Aktionismus oder Arbeitskämpfe die ohnehin prekäre Lage zu verschärfen. So verbuchte er es als eine wichtige Unterstützung, als Gewerkschaften und Unternehmerverbände am 15. November das sogenannte »Stinnes-Legien-Abkommen« abschlossen, mit dem an der Arbeitsfront doch weitgehend Ruhe herrschte. Das nach den prominentesten Verhandlungsführern, dem Großindustriellen Hugo Stinnes und dem Gewerkschaftsvorsitzenden Carl Legien, benannte Zentralarbeitsgemeinschaftsabkommen, die wesentliche sozialpolitische Weichenstellung in den Revolutionswochen, wertete die Gewerkschaften beträchtlich auf, die von den Arbeitgebern, auch in der Furcht vor einem Machtverlust und Eingriffen in die Wirtschaftsstruktur, als Tarifpartner anerkannt wurden. Damit wurden die traditionellen Gegensätze zwischen Arbeitnehmern und Arbeitgebern entschärft – für eine gewisse Zeit zumindest. Denn der auch von Ebert als wegweisend verstandene, sich aber doch als brüchig herausstellende sozialreformerische Bund von Arbeit und Kapital zerplatzte in der Krise der Hyperinflation 1923, als der im Abkommen 1918 bei vollem Lohnausgleich eingeführte Achtstundentag von den Unternehmern zur Disposition gestellt wurde.

Trotz der aus den Problemlagen resultierenden Konzentration auf die Funktionstüchtigkeit der Verwaltung rammten die Volksbeauftragten wichtige Pflöcke der Neuordnung ein. Mit ihrem Aufruf am 12. November[21] verankerten sie Grundrechte wie Vereins- und Versammlungsrecht, Meinungs-, Presse- und Religionsfreiheit. Neben gesetzesändernden Bestimmungen wie der Aufhebung des die Freiheitsrechte einschränkenden Belagerungszustandes, einer Amnestie für politische Straftaten und der Inkraftsetzung der bei Kriegsbeginn aufgehobenen Arbeiterschutzbestimmungen führte das Manifest mit Gesetzescharakter den achtstündigen Maximalarbeitstag zum 1. Januar 1919 ein und erfüllte damit die sozialpolitische Kernforderung der Arbeiterbewegung aus der Vorkriegszeit. Mit dem Wahlrecht für Frauen, das auch weite Teile des fortschrittlichen Bürgertums als eine Selbstverständlichkeit betrachteten, legten die Volksbeauftragten die Basis für die politische Gleichberechtigung von Mann und Frau; das war nichts weniger als ein historischer Meilenstein. Fortan galt das gleiche, geheime und direkte Wahlrecht für alle Personen über zwanzig Jahre. Gleichzeitig ersetzte die Verhältniswahl das seitherige, den Wählerwillen verzerrt widerspiegelnde Mehrheitssystem.

Mit diesem Grundgesetz der Revolution verwirklichten die Volksbeauftragten sozialdemokratische Kernpunkte, die auch über die eigene Klientel hinaus auf weite Akzeptanz stießen und zu deren Erlass sich Ebert und seine Kollegen daher legitimiert sahen. Alles andere war seiner Meinung nach Sache des Parlaments. Das Endziel blieb im Visier: »Demokratie und Sozialismus« lautete die Überschrift eines Flugblatts mit einer Rede Eberts vom 1. Dezember 1918.[22] In diesem Zweiklang kam der Demokratie Priorität zu; in der Revolution besaß sie absoluten Vorrang. In seinem Wertekanon war klar definiert: Die Demokratie war »der Fels«, auf dem das Proletariat die neue Gesellschaft formen sollte, wie er das zu Beginn des für die weitere Entwicklung entscheidenden Allgemeinen Kongresses der Arbeiter- und Soldatenräte in so bildhafte Worte kleidete.[23] Der Sozialismus sollte auf demokratischer Basis gedeihen – nicht diktatorisch verfügt, sondern vom Volk in seiner Gesamtheit über die schleunigst zu berufene Nationalversammlung beschlossen.

Die Revolutionsregierung legte mit diesem am 12. November verordneten eindrucksvollen Reformpaket die Spur in Richtung Demokratie. Eben weil Ebert sich nur als Treuhänder der Macht mit befristetem Mandat verstand, erhob es »zur heiligsten Pflicht«, baldmöglichst eine staatsrechtliche Grundlage zu schaffen und eine Nationalversammlung einzuberufen.[24] Denn: »Der Sieg der Revolution kann nur gesichert werden durch die auf Grund demokratischer Wahlen von Männern und Frauen berufene Konstituante.«[25] Eberts unbeirrt eingeschlagenem Kurs folgte die Mehrheit der Deutschen. Der alte Reichstag war für ihn abgetan und wurde endgültig nach Hause geschickt. Um das legislative Vakuum rasch zu füllen, wollte die von ihm geführte SPD das neue Reichsparlament tunlichst schnell realisieren. Demgegenüber hegte die USPD Vorbehalte gegen einen frühen Wahltermin. Sie wollte bereits vor den Wahlen umfangreiche Reformen verordnen. Andersherum die SPD: Im unerschütterlichen Glauben an den Volkswillen als Souverän der Demokratie wies Ebert der kommenden Nationalversammlung das Recht zu, jene grundlegenden verfassungs- und gesellschaftspolitischen Entscheidungen zu treffen, die eben nicht zum Allgemeingut gehörten oder zumindest von der übergroßen Mehrheit der Bevölkerung mitgetragen wurden. Politik musste sich auf das Votum der Mehrheit des Volkes berufen können. Der Stimmzettel bestimmte, die Volksvertretung entschied. Als ein

Ansprache des Volksbeauftragten Friedrich Ebert an Unteroffiziere vor der Reichskanzlei am 6. Dezember 1918.

Demonstrationszug von Soldaten und Matrosen am 6. Dezember die Konstituierung der Nationalversammlung bis Jahresende verlangte und Ebert sogleich zum Präsidenten ausrufen wollte, wiegelte er ab. Das alles müsse in demokratischen Bahnen ablaufen.[26]

> Auf die Dauer kann es in Deutschland nur eine Rechtsquelle geben: das ist der Wille des ganzen deutschen Volkes. Das war der Sinn der Revolution. [...] Das siegreiche Proletariat richtet keine Klassenherrschaft auf. Es überwindet zunächst politisch, dann wirtschaftlich die alte Klassenherrschaft und stellt die Gleichheit alles dessen her, was Menschenantlitz trägt. Das ist der große ideale Gedanke der Demokratie.
> *Rede auf dem Reichsrätekongress, 16. Dezember 1918*

Als Repräsentant der im Kaiserreich gesellschaftlich ausgegrenzten Sozialdemokratie wollte er keine neue Klassenherrschaft errichten. Eine Diktatur des Proletariats, die Herrschaft einer bestimmten Klasse, wie es von einer Minderheit revolutionärer Kräfte, angeführt vom radikalen Spartakusbund, gefordert wurde, widersprach seiner demokratischen Grundüberzeugung. Anders als in dem vom revolutionären Sturm hinweggefegten Kaiserreich sollte die neue Republik allen Bevölkerungsteilen die Möglichkeit zur Mitgestaltung geben. Das war Eberts ureigenstes Verständnis von Demokratie. Es ging ihm um Gleichberechtigung aller Menschen, für ihn »der große ideale Gedanke der Demokratie«, wie er es in seiner Eröffnungsrede auf dem Reichsrätekongress am 16. Dezember 1918 in Berlin formulierte.[27]

Auf diesem Revolutionskonvent zeigte es sich, dass eine sozialistische Räterepublik, ein von der repräsentativen parlamentarischen Form sich wesentlich unterscheidendes Demokratiemodell, oder gar eine Diktatur der Räte bolschewistischer Spielart nicht auf der Tagesordnung stand. Die überwiegende Mehrheit der Arbeiter- und Soldatenräte stützte die auf parlamentarische Demokratie und baldige Wahlen zu einem Nationalparlament ausgerichtete Politik der Mehrheitssozialdemokraten. Ganz im Sinne Eberts beschlossen die Delegierten mit überdeutlicher Mehrheit von nahezu 90 Prozent, am 19. Januar 1919 Wahlen zur Nationalversammlung durchzuführen. Und dem von den Linken eingebrachten Antrag, am Rätesystem als Sockel der künftigen Verfassung festzuhalten, erteilte der Kongress mit 344 gegen 98 Stimmen eine glatte Absage. Für einen Ebert durchaus kritisch beurteilenden Beobachter aus den Reihen der SPD kam die überwältigende Zustimmung für beide zentralen Entscheidungen vor allem auch dank der Rede Eberts zustande, der er im Rückblick das Prädikat »gewaltige und weltgeschichtliche Leistung« verlieh.[28] Mit diesen klaren Voten schien den ersten wirklich demokratischen Wahlen einen Monat später nichts mehr im Wege zu stehen – eigentlich.

3. Verfechter der Demokratie

Wenn der Kongress Ebert mit diesen Entscheidungen bestätigte, so setzte er mit der Forderung, die Sozialisierung der vermeintlich reifen Sektoren sofort in Angriff zu nehmen, und mit der

Verabschiedung von Eckwerten eines Militärprogramms die Revolutionsregierung auch unter Zugzwang. Doch bevor überhaupt an eine Fortentwicklung auf beiden Feldern zu denken war, verschärfte sich die innenpolitische Lage, die die Aktionsfähigkeit in jeder Hinsicht beeinträchtigte. Die Auseinandersetzungen verlagerten sich immer mehr auf die Straße. Am 6. Dezember waren bei Schießereien zwischen linksgerichteten Demonstranten und Gardefüsilieren 16 Menschenleben zu beklagen. Die Gereiztheit wuchs. In der Nacht vom 28. zum 29. Dezember 1918 verließen die Unabhängigen den Rat der Volksbeauftragten aus Ablehnung des von Ebert angeordneten militärischen Einsatzes gegen die meuternde Volksmarinedivision, die den Berliner Stadtkommandanten Otto Wels (SPD) als Geisel festhielt, um ihre Forderung nach Zahlung ausstehender Löhnung Nachdruck zu verleihen. Die Milizionäre hatten sich geweigert, Schloss und Marstall zu räumen. Für die drei Volksbeauftragten der USPD waren der Einsatz des Militärs und die Frage, welche Order Ebert dem Kommandeur gegeben hatte – einen begrenzten Auftrag oder einen Freibrief – der äußere Anlass, aus der Regierung auszuscheiden. Der tiefere Grund lag in den wachsenden Differenzen mit der SPD, die vor allem die Militärpolitik betrafen. Es belastete das Klima zwischen beiden Regierungsparteien zunehmend, dass die Unabhängigen immer stärker unter Druck der Linken in den eigenen Reihen gerieten. Schon auf dem Rätekongress hatte sich der radikale Flügel innerhalb der USPD mit dem Boykott der Wahlen zum Zentralrat durchgesetzt, dem künftigen Kontrollorgan der Regierung. Mit dem Bruch des Revolutionskabinetts infolge der Weihnachtskämpfe konstituierte sich die extreme Linke zum Jahreswechsel in einer eigenen Partei, der Kommunistischen Partei Deutschlands (KPD).

Der Austritt der drei USPD-Vertreter aus dem Rat der Volksbeauftragten, die durch die beiden Sozialdemokraten Gustav Noske und Rudolf Wissell ersetzt wurden, führte direkt zu den Januar-Unruhen. In den weithin als »Spartakus-Aufstand« bekannten Kämpfen versuchte die radikale Linke, darunter in vorderster Linie die neue KPD unter der Führung von Karl Liebknecht, in frappierender Überschätzung des eigenen Kräftepotentials die

»Regierung Ebert-Scheidemann« gewaltsam zu stürzen. In diesem Moment, dem Kulminationspunkt der Revolutionszeit, übernahm der neue Volksbeauftragte Gustav Noske den Oberbefehl über die Truppen. Es stellte sich nunmehr als Versäumnis heraus, dass nach dem Umbruch kein der neuen Demokratie treues Heer aufgebaut worden war. Ein militärpolitisches Reformprogramm, wie es von den Arbeiter- und Soldatenräten auf dem Reichsrätekongress verabschiedet worden war, nahm die Revolutionsregierung nicht in Angriff. Zwar hatte Ebert zuvor die Bildung einer freiwilligen Volkswehr auf demokratischer Grundlage angeregt. Doch nach der Verabschiedung des Volkswehrgesetzes am 6. Dezember 1918 verfolgte die mit der Ausführung betraute Oberste Heeresleitung das Projekt lediglich dilatorisch – wenn überhaupt. Die Ereignisse überrollten schließlich die Planungen.

Die nur noch aus Männern der SPD bestehende Revolutionsregierung griff im Januar 1919 in höchster Bedrängnis auf das alte Militär zurück und zementierte damit die Rolle der OHL als Ordnungsfaktor. In den Kämpfen zog die militärische Führung vor allem auch rechte Freiwilligenverbände aus zumeist entwurzelten Soldaten heran. Die Freikorps, zum Schutz der deutschen Ostgrenzen gegen polnische Übergriffe eilends aufgestellt, schlugen den Aufstand innerhalb weniger Tage nieder. Auch wenn das rücksichtslose Vorgehen der Regierungstruppen gegen die Putschisten auf berechtigte Kritik stieß, so war die Notwendigkeit unbestreitbar, mit militärischen Mitteln gegen die Aufständischen vorzugehen, wollte die Regierung die Tür zur Republik offenhalten. Der Aufstand war nicht weniger als der Versuch, die parlamentarische Demokratie im letzten Moment, zwei Wochen vor den ersten wirklich freien und gleichen Wahlen, zu verhindern. Ebert glaubte all das in Gefahr, wofür er ein Leben lang gekämpft hatte. Offen bleibt die Frage, ob man für diese »Politik der gepanzerten Faust« nicht andere Ordnungsinstrumente hätte heranziehen können als jene in Distanz zur Demokratie stehenden militärischen Kräfte.[29]

Die Januar-Revolte, ihre Niederwerfung durch Freikorps und die brutale Ermordung der beiden kommunistischen Leitfiguren Rosa Luxemburg und Karl Liebknecht durch Soldaten der Garde-

Kavallerie-Schützen-Division am 15. Januar 1919, zwei Tage nach dem Ende der Kämpfe, vertieften die Kluft innerhalb der Arbeiterbewegung und lagen wie ein Schatten auf der Bilanz der Revolution, die mit dem Januar 1919 aus der nahezu unblutigen Phase in einen örtlich und regional blutigen Bürgerkrieg übergehen sollte. Das Land wurde im Frühjahr 1919 von einer zweiten Welle der Revolution heimgesucht, die mit einer Vielzahl von Opfern ungleich konfliktreicher verlief als die erste Phase nach dem 9. November 1918. Auch hier setzte Noske, gestützt von Ebert, auf eine Politik der eisernen Faust wie bei der Niederschlagung der Münchner Räterepublik im Mai 1919. Diese Konflikte und die Nichterfüllung traditioneller sozialdemokratischer Reformforderungen trugen wesentlich zu einer Radikalisierung der Arbeiterschaft und einer Abkehr von der alten SPD bei.

Friedrich Ebert musste es trotz der nachhaltigen Ereignisse in den Revolutionsmonaten mit Genugtuung erfüllen, als er am 6. Februar 1919 in Weimar, wohin die Regierung auch wegen der unsicheren Situation in der Reichshauptstadt die Nationalversammlung verlegt hatte, das erste demokratische Reichsparlament in der deutschen Geschichte eröffnete – keine drei Monate nach Übernahme des Reichskanzleramtes. Wenn er für sich die Revolutionszeit bilanzierte, so dürfte die Zufriedenheit doch die Enttäuschung überwogen haben. Gewiss, nicht alles war geglückt. Denn die Hoffnung auf einen gewaltfreien und reibungslosen Übergang in die Republik hatte sich nicht erfüllt. Die Fronten innerhalb der Arbeiterbewegung hatten sich verfestigt. Doch waren ein dauerhafter und flächendeckender Bürgerkrieg und eine Gegenrevolution abgewendet, zudem der drohende Einmarsch der Siegermächte vermieden worden. Die Rückführung der Frontkämpfer, die Demobilisierung der Arbeiter im Waffenrock und ihre Wiedereingliederung in den Produktionsprozess gelangen in einem für die Brisanz der Lage doch erstaunlichen Umfang. Die Versorgung der Bevölkerung konnte im Rahmen der begrenzten Möglichkeiten aufrechterhalten werden. Die Staatsmaschinerie funktionierte, die Reichseinheit blieb trotz latenter Gefahr durch vereinzelte separatistische Abenteurer erhalten.

Dass kein entschlossener Versuch einer Demokratisierung von Verwaltung, Wirtschaft und Militär unternommen wurde, gehört zu den Basiskompromissen, die in den Augen vieler links von Ebert angesiedelter Zeitgenossen und rückschauender Historiker über das unbedingt notwendige Maß hinausgegangen seien. Ebert und die Mehrheit der Sozialdemokratie hätten die Chance zu einer für die Lebensfähigkeit der Republik als unentbehrlich erachteten Neuordnung nicht beim Schopfe gepackt. Mit mangelndem Mut oder fehlender Risikobereitschaft hatte das nichts zu tun. Es war vielmehr nüchterne Analyse der Lage und sorgsames Abwägen von Nutzen und Gefahren bestimmter Maßnahmen, die Ebert vorsichtig agieren ließen. Ob mit dieser Politik der behutsamen Verwaltung anstelle einer revolutionären Gestaltung tatsächlich versäumt wurde, die neue Republik auf solidere Fundamente zu stellen, macht den Kern der historischen Kontroverse aus. Dabei wirft die Kritik Ebert vor, das Potential in den Arbeiter- und Soldatenräten nicht konsequent für notwendig erachtete Strukturreformen und personelle Neuerungen in die Waagschale geworfen, damit Chancen für die Lebensfähigkeit der Republik erhöhende Veränderungen leichtfertig verspielt zu haben. Abgesehen von der zumeist vernachlässigten Frage, inwieweit die Räte über eine revolutionäre Legitimation hinaus auch eine demokratische besaßen: Ebert, der ganz im Sinne seines späteren Bekenntnisses als Sachwalter des gesamten deutschen Volkes glaubte handeln zu müssen, begriff die Arbeiter- und Soldatenräte nicht als ausschließliche Legitimationsbasis des eigenen Tuns. Er erlebte sie als hinderlich und beklagte bisweilen ihr »Herum- und Hineinregieren«.[30] Solche Einschätzung basierte auf den Kompetenzstreitigkeiten mit dem am 10. November gebildeten Vollzugsrat. Aber auch vom späteren sozialdemokratisch dominierten Zentralrat forderte Ebert Bewegungsfreiheit für die Übergangsregierung. Allgemein erblickte er in den Arbeiter- und Soldatenräten als den Trägern der Revolution nur Organe für die Übergangszeit, die sich, weil sie eben keine Legitimation des ganzen Volkes besaßen, aufzulösen hatten, sobald sich auf allen Ebenen demokratische Körperschaften etabliert hatten.

In der Bewertung der Revolutionszeit gilt es nicht nur, das in Blick zu nehmen, was nicht geschaffen wurde, sondern auch das, was in den wenigen Wochen nach dem Umbruch vom 9. November 1918 erreicht und – nicht minder entscheidend – was verhindert wurde. Wenn von (vermeintlich) verpassten Chancen die Rede ist, so sind dem die durch den Rat der Volksbeauftragten verhinderten Katastrophen entgegenzustellen. Es war Verdienst und Leistung Eberts und der Revolutionsregierung, dass angesichts der Ausgangslage und Rahmenbedingungen, angesichts einer Überlast von Problemen, schon nach so kurzer Zeit die Republik aus der Taufe gehoben werden konnte. Die Straße in den demokratischen und sozialen Rechtsstaat war planiert. Die Festigung der Demokratie und die Liberalisierung der Gesellschaft waren und blieben Hauptziele Eberts und der SPD. Sie bemühten sich, einen breiten gesellschaftlichen Konsens von Dauer für die Demokratisierung herzustellen, der auch die reformwilligen bürgerlichen Kräfte einbezog.

Bei der Beurteilung der Politik Eberts und der Revolutionsregierung muss auch das enge Zeitfenster von drei Monaten und der immense Handlungsdruck in Rechnung gestellt werden. Die Entscheidungsträger sahen sich einer enormen physischen und psychischen Belastung ausgesetzt. Die permanente Anspannung seit Ausbruch des Krieges steigerte sich noch, als die Sozialdemokraten in die Verantwortung katapultiert wurden. Im Gravitationszentrum Berlin ballten sich die Konflikte, polarisierten sich die Kräfte, was die Entscheidungsträger unter Zugzwang setzte. Man kam kaum noch aus der Reichskanzlei raus: »Wir sind ja fast Tag und Nacht hier [...]. Kollege Ebert verlässt meistens das Haus überhaupt nicht«, meinte Hugo Haase auf einer Sitzung am 28. Dezember, unmittelbar vor Sprengung der Regierung.[31] Die spätere Feststellung des Volksbeauftragten Otto Landsberg, dass ein Arbeitstag von mindestens achtzehn Stunden die Regierungsmitglieder auch rein körperlich erschöpft habe[32], dürfte nicht übertrieben sein. Die Volksbeauftragten agierten in einem politischen Hexenkessel, in dem man ein »Fell wie ein Rhinozeros«, so Philipp Scheidemann, haben musste.[33] Gewiss – Ebert war dickhäutig. Aber auch er

Die Volksbeauftragten Friedrich Ebert (M.), Philipp Scheidemann (l.), Hugo Haase (2. v. r.) und Emil Barth (r.) am 20. November 1918 bei der Beisetzungsfeier für die Opfer der Revolution. Ihre Gesichter offenbaren die Anspannung der letzten Wochen.

musste in diesen zum Bersten aufgeladenen Tagen um Leib und Leben fürchten, mied nach Warnungen vor Nachstellungen der Radikalen zeitweise seine Wohnung in Treptow und verbarg sich bei Freunden.

Die revolutionäre Linke mobilisierte ihre Anhänger. Spartakus predigte die Weltrevolution mit Deutschland als der zweiten Station nach Russland und ließ keine Gelegenheit verstreichen, die Mehrheitssozialdemokraten um Ebert und Scheidemann zu attackieren, die von Rosa Luxemburg zu Todfeinden der Revolution erklärt wurden. »Das Scheidemann-Ebertsche Nest« wollte sie schon am 11. Dezember zerstampfen und wünschte auf dem Gründungsparteitag der KPD die beiden SPD-Vorsitzenden ins Zuchthaus.[34] In das gleiche Horn stieß Liebknecht mit der Hoffnung, Ebert als »Verkörperung aller Gegenrevolution« werde »unter den wuchtigen Schlägen des Proletariats« bald zusammenbrechen. Die »Verschwörung« der Mehrheitssozialdemokraten müsse »mit eiserner Faust niedergemacht« werden. Gewiss zahlte die SPD-Presse mit gleicher Münze heim. Aber wenn einerseits dieser verbale Radikalismus der SPD als ein Grund für eine gegen Spartakus gerichtete Pogromstimmung gesehen wird, die dann im Mord an Rosa Luxemburg und Karl Liebknecht eskalierte, so darf andererseits die spartakistische Hetze gegen Ebert und die Mehrheitssozialdemokratie nicht klein geredet oder gar ignoriert werden. Der Wortradikalismus der Linksrevolutionäre drohte jeden Moment in Aktion umzuschlagen. Das dürfte Ebert nicht unbeeinflusst gelassen haben. Er sah die Demokratie in Gefahr, überschätzte dabei zweifelsohne die tatsächliche »bolschewistische« Bedrohung. Die Bolschewistenfurcht mochte angesichts der tatsächlichen Stärke der linksradikalen Kräfte im revolutionären Deutschland überzogen sein. In Berlin bündelten sich Kräfte und Konflikte wie unter einem Brennglas. Der Januar 1919 machte deutlich, dass eine zu allem entschlossene Minderheit durchaus eine reale Gefahr darstellte. Und dass Minderheiten die Macht an sich reißen konnten, hatten die Bolschewiki in Russland bewiesen, als sie, vom Wählerzuspruch enttäuscht, im Januar 1918 das frisch gewählte Parlament vertrieben. Das sich dann im Bürgerkrieg zerfleischende, von Hungersnot, Massensterben und Wirtschaftschaos gepeinigte Land stand Ebert als Schreckensvision vor Augen. Ein solches Schicksal sollte Deutschland um jeden Preis erspart bleiben: »Die deutschen Arbeiter mögen nach Russland sehen und sich warnen lassen!«[35]

Ebert hatte in der Revolution sein hartnäckig verfolgtes Ziel erreicht: die parlamentarische Demokratie. Dabei wurden zudem grundlegende, weit über die SPD hinaus auf Akzeptanz stoßende Reformen verwirklicht. Alles andere empfand er als undemokratisch, weil nicht durch den Wählerwillen abgesichert, denn: »So lange aber unser Volk nicht in freier Wahl seine Regierung selbst bestimmen kann, so lange bleibt jede Regierung ein Provisorium.«[36] Der Vorwurf, bestimmte Maßnahmen nicht realisiert, nicht einmal versucht zu haben, trifft den überzeugten Demokraten nicht, der all diese Reformen in die Hände der künftigen Volksvertretung legen wollte. Vielleicht war es gerade dieser besonnene, auf Strukturreform verzichtende und auf partielle Zusammenarbeit mit den alten Kräften basierende Kurs, der die Lage stabilisierte und überhaupt die Voraussetzung schuf, dass die Republik wenige Wochen nach Kriegsende überhaupt das Licht der Welt erblicken konnte.[37]

> Das deutsche Volk ist frei, bleibt frei und regiert in aller Zukunft sich selbst.
> *Rede zur Eröffnung der Nationalversammlung, 6. Februar 1919*

Der Grundstein der Demokratie war gelegt. Sie auszubauen und abzusichern lag in den Händen der verfassunggebenden Nationalversammlung. Das Volk, der höchste Souverän im demokratisch verfassten Staat, gab am 19. Januar 1919 sein Votum ab. »Ich habe zu dem politischen Urteil des Volkes volles Vertrauen«, hatte Ebert sechs Wochen zuvor bekannt.[38] Das Ergebnis wirkte doch ein wenig ernüchternd, auch wenn die SPD mit 37,9 Prozent weit vorn lag. Ob Ebert mehr erwartet hatte? Das ist nicht bekannt. Kaum aber konnte er an die Möglichkeit einer Alleinregierung seiner Partei gedacht haben. Wie auch immer: Dem Wunsch des Wählers beugte er sich, denn für ihn war, so schrieb er in seinem Geleitwort zum »Revolutionsalmanach« von 1919, der »Mehrheitswillen unseres Volkes [...] die letzte entscheidende Macht«.[39] Das erste demokratische deutsche Parlament hatte über den weiteren Werdegang zu befinden. Demokratie meinte für Ebert immer gleichberechtigte Partizipation aller Bürger und Bürgerinnen. Das war urdemokratisches Prinzip, dem er sich als Volksbeauftragter und darüber hinaus als erstes Staatsoberhaupt der Republik verpflichtet fühlte.

Friedrich Ebert mit seiner Ehefrau Louise im Sommerurlaub in Schwarzburg, wo er am 11. August 1919 die Reichsverfassung unterzeichnet.

Kapitel III

Der Reichspräsident (1919–1925)

1. Machtpolitiker und Mitspieler

Den Volkswillen in politisch handlungsfähige Regierungsorgane umzusetzen, oblag der nach Weimar einberufenen Nationalversammlung. Zwei Entscheidungen waren bereits vor ihrer Eröffnung gefallen: die Frage der Koalition und die Vergabe der zentralen Staatsämter. Was die Regierung betraf, so lief alles auf die von Ebert favorisierte Weimarer Koalition aus SPD, katholischer Zentrumspartei und linksliberaler Deutscher Demokratischer Partei (DDP) hinaus. Wer Staatsoberhaupt und Kanzler (offizieller Titel zunächst »Reichsministerpräsident«) werden sollte, lag allein in den Händen der SPD. Bei der Vergabe des höchsten Staatsamtes setzte sich Friedrich Ebert gegen seinen ebenfalls ambitionierten Kollegen Philipp Scheidemann durch, für den der Chefsessel in der Reichskanzlei übrigblieb.

Ebert hatte sich für das Präsidentenamt entschieden, denn er verstand es als eine mitgestaltende Institution mit hohem Integrationspotential, um die im Kaiserreich bestehende gesellschaftliche und politische Kluft zwischen »Reichstreuen« und den sozialdemokratischen »vaterlandslosen Gesellen« zu überwinden. Im ersten Mann des Staates erblickte er eine aktive Partizipationsinstanz, glaubte auf diesem Posten seine Politik in den Revolutionsmonaten fortsetzen zu können, die auf Ausgleich ausgerichtet gewesen war: zwischen sozialdemokratischer Arbeiterbewegung und demokratischem Bürgertum, zwischen Kapital und Arbeit, zwischen Neuordnung und Bewahren und nicht zuletzt zwischen Reich und Ländern.

Es reizte ihn zudem, dass das republikanische Staatsoberhaupt nicht als einflussloser Bannerträger, sondern als ein machtvolles Amt konzipiert war. Bei den Beratungen über den Verfassungsentwurf im Rat der Volksbeauftragten hatte er die Vollmachten des künftigen, vom Volk zu wählenden Reichspräsidenten noch als zu weitgehend kritisiert. Doch erklärte er sich schließlich mit Zuschnitt und Kompetenzen einverstanden. Für den nüchtern kalkulierenden Machtpolitiker gehörten zu einer »kraftvollen Führung der Reichsgeschäfte« auch »gewisse Machtbefugnisse«, wie er in den Gesprächen Mitte Januar 1919 herausstrich.[1]

Seine Wahl am 11. Februar 1919 war nach der Entscheidung für die Weimarer Koalition reine Formsache, wenn er auch etwa 50 Stimmen weniger erhielt, als die Regierungsfraktionen an Mandaten besaßen. Das nachfolgend abgegebene Bekenntnis zur Überparteilichkeit – »der Beauftragte des ganzen deutschen Volkes« – war Leitmotiv in den sechs Jahren an der Spitze der Republik. Weiter verpflichtete er sich: »Die Freiheit aller Deutschen zu schützen mit dem äußersten Aufgebot von Kraft und Hingabe, dessen ich fähig bin, das ist der Schwur, den ich in dieser Stunde in die Hände der Nationalversammlung lege.«[2] So zeigte er sich festen Willens, die Befugnisse des Amtes konsequent zu nutzen, wenn es die Situation erforderte.

> Heute hat mir nun das Schicksal eine Riesenverantwortung aufgebürdet. Verzagen habe ich aber nie gekannt. Ich hoffe bestimmt, dass die Nachwirkungen des entsetzlichen Krieges auf unsere Wirtschaft bald überwunden werden, dass bald wieder Besonnenheit und Arbeitsfreude unser Volk beherrschen.
> *Brief an eine Nachbarin aus Heidelberger Tagen, 17. März 1919*

Bereits im Gesetz über die vorläufige Reichsgewalt vom 10. Februar 1919 zeichneten sich die Konturen eines einflussreichen Reichspräsidenten ab, wie sie dann in der Ende Juli 1919 von der Nationalversammlung verabschiedeten Verfassung verankert wurden. Die darin vorgesehene Volkswahl für die Dauer von beachtlichen sieben Jahren wertete das Amt im besonderen Maße auf. Doch Ebert erhielt nie die plebiszitären Weihen. Obwohl er mehrfach und eindringlich auf Durchführung einer verfassungsmäßigen Wahl durch das Volk drängte, zögerten die Regierungen. Anfang 1922 schien dann doch alles bereit zu sein für ein dem Artikel 41 entsprechendes Plebiszit im Herbst des Jahres. Es kam jedoch nicht dazu, da die rechtsliberale Deutsche Volkspartei (DVP), aus Furcht vor einer Wahl Eberts für weitere sieben Jahre, auf eine kürzer befristete Fortführung des Provisoriums drängte. Lange war die Sache in der Schwebe, bis die anderen bürgerlichen Parteien auf eine solche Lösung einschwenkten und schließlich auch die SPD sich dem Druck nicht mehr entziehen konnte. So verlängerte der Reichstag am 24. Oktober 1922 über eine Verfassungsänderung Eberts Amtszeit bis zum 30. Juni 1925. Hier hätte er auf ein Votum des Volkes pochen müssen, denn im Herbst 1922 wäre er ohne Zweifel auf weitere sieben Jahre gewählt worden. Nach dem von Rechtsradikalen verübten Mord an Reichsaußenminister Walther Rathenau, der wie kein zweites Ereignis die junge Republik aufwühlte, wäre das demokratische Wählerlager gewiss zu einem Großteil für den Amtsinhaber mobilisiert worden. Ebert, der bereits die Werbetrommel zur Wiederwahl rührte und Repräsentationstouren unternahm, beugte sich jedoch auch in dieser Frage der parlamentarischen Mehrheit. Obwohl ihm die direktdemokratische Legitimation fehlte und dies die Republikgegner zu Attacken wie der Titulierung als »Friedrich der Vorläufige«[3] animierte, fühlte er sich mit Recht als vollwertiger Reichspräsident, immer bereit, sich der Volkswahl zu stellen, sollte sich dies für die demokratische Stabilisierung als nötig erweisen.[4]

Sein Amt war ohne Tradition. Die Reichsverfassung schuf einen Präsidenten mit großer Machtfülle: Er besaß das Recht zur Ernennung des Reichskanzlers, war völkerrechtlicher Vertreter des Reiches und militärischer Oberbefehlshaber, konnte den Reichstag auflösen und in Übereinstimmung mit der Regierung Notverordnungen ohne das Parlament erlassen. Wenn auch das Amt das mächtigste in der Republik war, so war das Staatsoberhaupt kein Alleinherrscher. Es existierten verfassungsrechtliche Interdependenzen und Begrenzungen. Obwohl der berühmt-berüchtigte

Artikel 48 eine generelle Notstandsklausel zur Wiederherstellung von Ruhe und Ordnung war, so benötigte das Staatsoberhaupt zur Umsetzung stets die Unterschrift des Kanzlers oder des zuständigen Ministers, also die Zustimmung der Regierung. Nur wenn Kabinett und Präsident einig agierten, konnten weitreichende Regelungen ohne den Reichstag, ja sogar gegen ihn getroffen werden. Allerdings konnte das Parlament die Aufhebung verlangen. Was aber dann? Zu einem möglichen verfassungsrechtlichen Konflikt zwischen Reichspräsident und Reichsregierung auf der einen und dem Parlament auf der anderen Seite kam es in Eberts Amtszeit nicht.

Insgesamt verfügte der Reichspräsident im Verhältnis zu Regierung und Reichstag über eine äußerst starke Position – so zumindest die Verfassungstheorie. Doch anders als von den Verfassungsschöpfern intendiert, die aus Furcht vor einer einseitigen Parteiherrschaft in einem einflussreichen, mit der Wahl durch das Volk zusätzlich abgestützten Reichspräsidenten ein Gegengewicht zu Parlament und Kabinett hatten installieren wollen, verstand sich das erste republikanische Staatsoberhaupt, auch ohne die plebiszitäre Kür im Rücken, immer als Teil und nicht als Gegenpol der Reichsregierung. Da kam freilich auch Persönliches zum Tragen. Eberts Beziehungen zu den drei Sozialdemokraten, die zunächst an der Spitze der Reichskanzlei standen – Scheidemann, Bauer und Müller –, waren gewiss enger als zu den nachfolgenden bürgerlichen Amtsinhabern. Das schlug sich nicht adäquat in den Akten nieder, weil das Ganze jenseits der offiziellen Kanäle lief, über den persönlichen Kontakt. Eine auf langjähriger Vertrautheit ruhende Kooperation zum Kanzleramt währte jedoch nicht einmal eineinhalb Jahre, bis im Juni 1920 die sozialdemokratische Kanzlerzeit endete. In der Wilhelmstraße 77 hielten dann Bürgerliche das Zepter in der Hand.

Für Ebert war dabei die Einigkeit der Staatsführung grundlegendes Prinzip. In den Krisensituationen musste, so mahnte er 1921 die Kabinettsmitglieder, »die Leitung fest in den Händen der Regierung bleiben«.[5] Dass strittige Fragen hinter verschlossenen Türen zu diskutieren waren, blieb Konstante seines Denkens und

Handelns. Und nach der Kompromissfindung am Verhandlungstisch war von allen Beteiligten der Konsens nach außen einmütig zu verteidigen. Dieses in der semiparlamentarischen Ausgrenzungszeit geschöpfte, für das Agieren der Partei scheinbar unverzichtbare Prinzip war im Ersten Weltkrieg zum unumstößlichen Leitsatz überhöht worden. Was Ebert in der Vorkriegszeit und dann als Parteivorsitzender vor allem in den Kriegsjahren als ein die sozialdemokratische Bewegung stabilisierendes Element begriffen und verteidigt hatte, übertrug er in der Republik auch auf die aus unterschiedlichen Koalitionsparteien zusammengesetzte parlamentarische Regierung, ihn als Reichspräsident eingeschlossen. Seine Mahnung zur Einigkeit schien in den Zeiten, als die Republik noch in Kinderschuhen steckte und sich Akzeptanz im Volk erwerben musste, nahezu unabdingbar zu sein. Ein öffentlicher Disput unter den Regierenden konnte als Schwäche und Krisensymptom der neuen Staatsordnung interpretiert werden und das Ansehen der jungen Demokratie beschädigen.

Das hieß allerdings nicht, dass die Interaktion zwischen Regierung und Präsident von dauerhafter Harmonie gekennzeichnet waren. Der Reichspräsident scheute nicht den Konflikt und pochte entschieden auf Respektierung seiner Rechte. Insgesamt aber zeigte sich Ebert in der Regierungsrunde als ein kollegialer Mitspieler, der zwar seinen Standpunkt einzubringen wusste, der sich aber der Mehrheitsmeinung unterordnete. In einigen Fällen hätte er mehr auf seiner Position beharren müssen. So billigte er nicht die von vielen als Skandal empfundenen überaus glimpflichen Militärgerichtsurteile gegen die Mörder von Rosa Luxemburg und Karl Liebknecht: Er wollte die Verfahren neu aufrollen, fügte sich aber Anfang Oktober 1919 der Mehrheit im Kabinett, so dass der zuständige Reichswehrminister Noske die schändlichen Urteile bestätigen konnte. Die Chance für eine gerechte Sühne blieb damit ungenutzt. Hier hätte sich Ebert hartnäckiger zeigen und seiner Überzeugung vielleicht auch durch öffentlichen Weckruf mehr Nachdruck verleihen müssen. Er tat dies nicht und so konnte der unbeweisbare Verdacht seiner Verstrickung in den Meuchelmord (bis in die heutigen Tage) wieder aufgekocht werden, gipfelnd in der Behauptung, Ebert hätte im Verein mit Noske seine Zustimmung zum Anschlag auf die beiden führenden kommunistischen Köpfe gegeben. Es bleibt zu fragen: Würde ein Mitschuldiger eine abscheuliche Tat erneut untersuchen lassen und sich damit vielleicht gar selbst in den Fokus neuer Ermittlungen manövrieren? Schwerlich vorstellbar.[6]

Wie in diesem Fall, so ordnete er sich immer der Mehrheit unter. Er ließ sich durchaus auch belehren, korrigierte seine Haltung, wenn Gegenargumente ihn überzeugten. Stets um den Konsens bemüht, fungierte er in strittigen Fragen als Mann des Ausgleichs und des Ausgleichens. In festgefahrenen Situationen gelang es dem besonnenen Schlichter und Mediator oftmals, das Eis zu brechen. Auch wenn er zumeist in stoischer Ruhe um eine Diagonale der Interessen bemüht war, konnte er bisweilen ungehalten sein. Reichskanzler Joseph Wirth charakterisierte ihn später als einen Mann, der »das lebendige, leicht erregbare Blut des Pfälzers in seinen Adern« geführt habe.[7] Ob der badische Zentrumspolitiker damit tatsächlich einen markanten (kur-)pfälzischen Wesenszug erfasste? Belegt ist jedenfalls, dass der gebürtige Heidelberger mitunter recht unwirsch reagieren konnte. Diejenigen jedoch, die mit ihm zusammentrafen oder ihn im Gespräch unter vier Augen bei einer der üblichen Morgenzigarren in seinem »verräucherten« Dienstzimmer im Reichspräsidentenpalais der Wilhelmstraße 73 erlebten, schildern ihn als Mann von menschlicher Wärme und zurückhaltender, gewinnender Art.

Rechthaberische Besserwisserei lag ihm fern. Doch mutierte er nicht zum willfährigen Handlanger der Regierung, sondern griff – mehr als nach außen drang – in entscheidenden Fragen ein und erfüllte als akribischer Arbeiter seine Aufgaben. Eine Art ziviler Kaiser jedoch, der sich in das politische Alltagsgeschäft einmischte, wollte und konnte er nicht sein. So war sein Amt verfassungsrechtlich auch gar nicht angelegt. Seine Rolle sah er eher als Hüter der Verfassung und Bewahrer der demokratischen Ordnung. Unterstützt wurde er dabei von einem kleinen effektiv arbeitenden Büro, in dem ab Frühjahr 1920, nachdem der einzige Funktionär aus der SPD seinen Dienst quittiert hatte, nur noch

Der Reichspräsident (über der mittleren Säule) nach der Vereidigung auf die Reichsverfassung am 21. August 1919: Ansprache an die Weimarer Bevölkerung vom Balkon des Theaters.

zuverlässige Beamte der Ministerialbürokratie leitende Positionen wahrnahmen. Dennoch entstand um ihn keine Kamarilla, keine der demokratischen Kontrolle entzogene Schatten- oder Nebenregierung. Das ließ Ebert nicht zu.

Friedrich Ebert schöpfte die Rechte des Präsidenten voll aus und formte das Amt zu einer machtvollen Institution im politischen Koordinatensystem der jungen Republik. Dabei war und blieb er das aktive Staatsoberhaupt. Alles Handeln stand unter dem Ziel, die Funktionstüchtigkeit des parlamentarischen Systems zu sichern und Kontinuität in der Regierung zu gewährleisten. Der

Reichspräsident war hier besonders gefragt, denn ihm oblag nach Artikel 54 der Verfassung die Ernennung des Reichskanzlers. Darin erblickte er keineswegs nur einen formalen Akt, sondern eine Chance zur Mitbestimmung.

> Den Frieden zu erringen, der der deutschen Nation das Selbstbestimmungsrecht sichert, die Verfassung auszubauen und zu behüten, die allen deutschen Männern und Frauen die politische Gleichberechtigung unbedingt verbürgt, dem deutschen Volke Arbeit und Brot zu schaffen, sein ganzes Wirtschaftsleben so zu gestalten, dass die Freiheit nicht Bettlerfreiheit, sondern Kulturfreiheit werde, das sei unseres Strebens Ziel.
> *Rede in der Nationalversammlung, 11. Februar 1919*

2. Der Präsident auf dem Kanzlerkarussell: Regierungsbildungen

Im Dezember 1923, nach dem Sturz des 100-Tage-Kanzlers Gustav Stresemann, präsentierte das Satire-Blatt »Kladderadatsch« eine Karikatur unter der Überschrift »Der Reichsbäcker« mit dem Bildnis des Präsidenten, der an der Aufgabe zu scheitern scheint, einen neuen Reichskanzler zu »backen«. Im Schweiße seines Angesichts kann er doch noch einen neuen »Pfefferkuchenmann« aus dem Ofen holen.[8] In der Tat brachte die Kanzlerfrage Ebert immer wieder mal ins Schwitzen: Im November 1923 kostete es ihn erhebliche Mühen, den Zentrumsmann Wilhelm Marx zum neuen Kanzler zu küren – immerhin schon den achten seit Februar 1919.

Eberts Agieren in den wiederkehrenden Verhandlungen um Kanzler und Kabinett bestimmte die Erkenntnis, dass aufgrund der sozialen Deformierungen in der Folge des Krieges eine dauerhafte Stabilisierung nur dann erreichbar war, wenn es der neuen Demokratie gelang, über eine dauerhafte Kooperation zwischen Arbeiterschaft und Bürgertum die Klassenspannungen abzubauen und die zerklüftete Gesellschaft auch innerlich zu befrieden. So setzte er in den Verhandlungen um die Bildung der ersten republikanischen Regierung auf die sogenannte Weimarer

Koalition aus SPD, Zentrumspartei und DDP. Ein Bündnis mit der USPD kam für ihn nach den bitteren Erfahrungen der Revolutionswochen nicht in Frage. Ohnehin besaßen die beiden sozialdemokratischen Parteien keine Mehrheit in der Nationalversammlung. Demgegenüber stützte sich die Koalition aus SPD und den beiden bürgerlichen Parteien, wie sie dann am 13. Februar 1919 unter dem SPD-Mitvorsitzenden Philipp Scheidemann geschaffen wurde, auf eine satte Dreiviertelmehrheit. Mit einem solch breiten Bündnis, flankiert von einem sozialdemokratischen Reichspräsidenten, übernahm eigentlich eine starke republikanische Staatsführung das Ruder. Aber die Koalition zerbrach schon im Juni 1919 an der Entscheidung über den Friedensvertrag. Sie wurde zwar im Oktober 1919 revitalisiert, ohne jedoch die feste Partnerschaft zu sein, die sich Ebert von ihr erhoffte.

So setzte sich bei ihm immer mehr die Auffassung durch, dass die als erdrückend empfundenen außenpolitischen Verbindlichkeiten nur unter Einbindung der industriellen Interessen gemeistert werden konnten. Unter dieser Einschätzung ermutigte er seine Partei zum Regierungsbündnis mit den bürgerlichen Parteien des Verfassungsbogens, zu denen seit Mitte des Jahres 1920 nach einem vernunftrepublikanischen Schwenk auch die rechtsliberale DVP von Gustav Stresemann zu zählen war. Diese wiederum drängte er zur Kooperation mit der SPD. Sein Handeln in den Gesprächen um die Regierungsbildung der folgenden Jahre stand unter dem Bestreben, die Last auf möglichst viele Schultern zu verteilen. Ihm ging es um die breite Basis einer Regierung, die langfristig arbeiten konnte. Doch das blieb über weite Strecken Wunschtraum.

Das zeigte sich nach den Reichstagswahlen im Juni 1920, als die Weimarer Koalition ihre komfortable Dreiviertelmehrheit einbüßte und nicht mal mehr eine Majorität hinter sich wusste. Mit Blick auf die neue parlamentarische Konstellation forderte Ebert eine Große Koalition von Scheidemann bis Stresemann – »aus staatspolitischen Notwendigkeiten heraus«, wie er das vor den Spitzen der Parteien Mitte November 1922 begründete.[9] Er warb für die Einsicht, dass der Kompromiss zwischen Interessengruppen zum Wesenskern einer parlamentarischen Demokratie gehörte und dass gerade in der dauerhaft gespannten Lage des Reiches ein breiter Konsens erforderlich war. Die Parteien zögerten jedoch, diesem im modernen demokratischen Diskurs unerlässlichen Prinzip zu folgen, da ihre Kompromissbereitschaft nicht ausreichte, die höchst unterschiedlichen Interessen auf einen gemeinsamen Nenner herunter zu brechen. Ebert hingegen hielt die ideologisch-programmatischen Hürden zwischen den Parteien für überwindbar, unterschätzte deren Hartnäckigkeit und erwartete stets eine Unterordnung parteitaktischer Ziele unter das abstrakt formulierte Wohl des Staates. Damit überforderte er allerdings die in ihren jeweiligen Sozialmilieus verhafteten Parteien.

Seinem Aufruf zu einer geschlossenen Phalanx stand die Segmentierung der Lager in eine Vielzahl von Parteien entgegen. Erschwerend kam hinzu, dass die Parteien im Kaiserreich nicht an das Regieren mit den Handlungszwängen einer Koalition gewöhnt, sondern im Vorhof der Macht gehalten worden waren. Die Folgen der unvollendeten politischen Modernisierung drückten auch noch in Weimar. Parlamentarisch-demokratisches Regierungshandeln, zu dessen Erfolg auch ganz entscheidend die Rückkopplung zu den Fraktionen (aber auch zur eigenen Basis) gehörte, hatten sie nicht gelernt. Die Parteien zogen sich immer wieder gern auf die bequemen Oppositionsbänke zurück, auch weil der Wähler Regierungsteilhabe abstrafte. So reagierte die SPD auf das im Vergleich zum Januar 1919 (37,9 Prozent) desaströse Ergebnis von 21,7 Prozent bei der Wahl im Juni 1920 mit dem Gang in die Opposition, um, vom Ballast der Verantwortung befreit, ihre Kräfte zu sammeln und den Wählerschwund in Richtung ihrer linken Konkurrenzpartei, der USPD, zu stoppen, die von 7,6 Prozent (1919) auf 17,9 Prozent hinaufgeschnellt war. Die SPD wollte raus aus der Verantwortung: Ihr Zentralorgan »Vorwärts« verkündete unmittelbar nach dem Urnengang, dass die »Partei als Ganzes mit einem Freudensprung« die Regierung verlassen werde.[10] Aber ganz wollte sie die Machtpositionen nun doch nicht preisgeben: Bei einem Austritt der SPD müsse, so der Parteivorsitzende Hermann Müller, der Reichspräsident im Amt ausharren.[11] Ebert

Friedrich Ebert mit Reichskanzler Joseph Wirth (r.) beim Besuch des österreichischen Bundeskanzlers Ignaz Seipel (l.) und des österreichischen Finanzminister August Ségur (2. v. r.) im August 1922.

folgte dem Appell in hohem Pflichtbewusstsein und fungierte als Scharnier zwischen bürgerlicher Regierung und sozialdemokratischer Opposition. Dieses Verantwortungsethos zeichnete ihn aus. Sein Beharrungsvermögen wiegt umso mehr, als andere – unter persönlichem Blickwinkel konsequent, unter langfristiger gesamtpolitischer Perspektive aber mit verheerender Wirkung – sich der Bürde des Amtes entledigten.

Den unbedingten Machtpolitiker enttäuschte es, wenn eine Regierung in seinen Augen allzu vorschnell die Flinte ins Korn warf. Die außenpolitischen Belastungen mit tiefgreifenden Entscheidungen sorgten mehr als einmal dafür, dass Regierungen zerplatzten. Constantin Fehrenbach, den Ebert Ende Juni 1920 nach wochenlangem Ringen für das Reichskanzleramt hatte gewinnen können, trat bereits im Mai 1921 zurück, unmittelbar vor Übergabe des Londoner Ultimatums, mit dem die alliierten Siegermächte die Anerkennung der Reparationsforderungen und der Zahlungsmodalitäten verlangten. Der Zentrumsmann löste damit nicht nur nach Eberts Ansicht eine Regierungskrise im denkbar ungünstigsten Moment aus. In dieser schwierigen reparationspolitischen Situation musste das Kanzlerkarussell erneut in Gang gebracht werden. Ebert gelang es, die SPD wieder in die Regierung zu hieven. Es imponierte ihm, dass der nach einigem Hin und Her erwählte neue Reichskanzler Joseph Wirth entschieden zupackte und auch die Regierungskrise im Oktober 1921 im Gefolge des alliierten Entschlusses zur Teilung Oberschlesiens durch konsequentes Handeln und rasche Konstituierung einer neuen Regierung überwand. Manche Kabinettsbildung aber entwickelte sich zur Hängepartie, weil die Parteien zögerten, andererseits von Ebert auserkorene Anwärter sogleich Opfer des Kampfes zwischen uneinigen Flügeln in ihrer eigenen Partei wurden oder aber bei den ersten Sondierungen an der starren Haltung der vermeintlichen Koalitionspartner scheiterten. Solches erlebte Ebert erstmals im Juni 1920.

Der allzu leicht gemachte Rückzug aus der Verantwortung durch die Möglichkeit des Parlaments, den Kanzler über ein destruktives Misstrauensvotum zu Fall zu bringen, also ohne eine Alternative parat zu haben, erschwerte es dem Reichspräsidenten, überhaupt geeignete Kandidaten zu finden, die willens und in der Lage waren, eine tragfähige Regierung zu formen. Vom Schleudersitz Reichskanzlersessel ging keine hohe Attraktivität aus. Es bedurfte des Öfteren seines massiven Drucks bis hin zur Drohung mit Rücktritt, um Stillstand in Regierungsverhandlungen zu überwinden. Eine überlange Kabinettsschöpfung stieß in der Öffentlichkeit auf Unverständnis und drohte sich zum Ärger Eberts zu einer Präsidentschaftskrise auszuweiten.

So scheute sich der Reichspräsident in festgefahrenen Situationen nicht, ungewöhnliche Wege zu beschreiten. Nach dem Scheitern der Regierung Wirth im November 1922 berief Ebert im Moment der politischen Erstarrung den als parteilos geltenden, aber doch der DVP nahestehenden Direktor der Hamburger Hapag-Reederei Wilhelm Cuno an die Spitze eines »Geschäftsministeriums« mit ungebundenen »Fachleuten«. Diese Kanzlerwahl war Symptom der Krise des Parteienstaates. Die Nominierung des angesehenen und auch bei Ebert hoch im Kurs stehenden Wirtschaftskapitäns Cuno war ein »kühner Griff des sozialdemokratischen Reichshauptes«, schrieb die »Frankfurter Zeitung« noch Jahre danach – aber dies erwies sich schon bald als ein »Fehlgriff«.[12] Damit benannte das liberale Blatt eine von vielen geteilte Erkenntnis im Nachhinein. Das war keine Wertung, die der allgemeinen Stimmung im November 1922 entsprach. Ebert überschätzte zweifellos Cunos Befähigung für das Regierungsamt; doch in der Situation nach dem Scheitern Wirths besaß dessen Berufung allerdings durchaus Logik.

Wirth hatte zuvor ohne große Not, getrieben von der eigenen Partei, Verhandlungen um eine Große Koalition begonnen, obwohl seine Regierung des Weimarer Bündnisses seit September 1922, nach der Wiedervereinigung der SPD mit dem Rest der USPD, deren Linke sich 1920 mit der KPD zusammengeschlossen hatte, sich wieder einer Mehrheit erfreute. Er manövrierte sich in eine Sackgasse, aus der es keine parteipolitische Lösung zu geben schien. Die über Wochen sich hinziehenden Gespräche schadeten dem Ansehen des Reichstages, mehr noch aber der Parteien; weite Teile der Bevölkerung schienen schlicht parlaments- und parteienmüde zu sein. Insofern bewegte sich die Mehrzahl der zeitgenössischen Kommentare zur Berufung Cunos im positiven Bereich; selbst die linksstehende Zeitschrift »Die Weltbühne« zollte Beifall.

Die Art der Beauftragung des Regierungschefs durch den Präsidenten und die Kabinettsbildung ohne direkte Einflussnahme der Fraktionen wurden von politischen Beobachtern als Chance gesehen, das parlamentarische System überhaupt am Leben zu erhalten. Der Ruf nach dem »bewährten« Wirtschaftsfachmann hallte schon seit einiger Zeit durch die politische Landschaft, ebenso der Ruf nach einem Kabinett der Persönlichkeiten. In beidem steckte ein hohes Maß an vormodernem Harmoniebedürfnis und eine gehörige Portion Enttäuschung über das »Parteigetriebe«, über

Kanzler und Minister mit Parteibuch, die Politik zum »Wohl« der eigenen Organisation und deren Gefolgschaft, aber eben nicht zum »Wohl« eines wie auch immer definierten »Ganzen« betreiben würden. »Parteipolitiker« und »Fachleute« galten bei Teilen der öffentlichen Meinung beinahe als Antonyme. In solcher Parteienverdrossenheit schienen Lösungen ohne dominierenden Einfluss der Fraktionen ein Ausweg zu sein.

Es erhoben sich aber auch Stimmen von politischem Feingespür, die in der Form der Kanzlerrekrutierung durch den Reichspräsidenten und der Regierungsbildung ohne unmittelbare parlamentarische Beteiligung ein verfassungsrechtliches Problem entdeckten. In der Tat schien der Reichspräsident in die Zeit der vorrepublikanischen Kanzlerwahl zurückgefallen zu sein. Nun, dem war nicht so. Ebert sah sich zu diesem Verfahren gezwungen, weil sich keine rein parteipolitisch-parlamentarische Lösung anbot. Dabei bewegte sich der Präsident immer noch im Verfassungsrahmen.

Das Kabinett Cuno gilt bisweilen als das erste Präsidialkabinett der Republik. Was die Art der Kanzlerfindung betraf, war das sicher richtig: Der Hapag-Direktor war Eberts Wahl. Das Urteil trifft aber nicht die Weise, wie die Minister ausgewählt wurden, denn schließlich wurden die Parteien gefragt und benannten auch einige Vertreter. Die Beauftragung Cunos war keineswegs gegen den Willen der Parteien geschehen. Zudem – und dies ist das Entscheidende – beruhte die Legitimation des Kanzlers nicht allein auf den Machtbefugnissen des Reichspräsidenten, sondern er konnte sich bei seinen Entscheidungen von Fall zu Fall auf parlamentarische Mehrheiten berufen. Nie kam die Regierung an den Punkt, an dem Cuno, allein gestützt auf den Reichspräsidenten, den Reichstag unter Androhung präsidialer Ausnahmegewalt gefügig machen wollte. Das hätte Ebert nicht zugelassen. Schließlich kippte der Kanzler durch eine konzertierte Aktion des Parlaments – genauer: Er kam im August 1923 dem Sturz durch Rücktritt zuvor. Ein Vergleich mit den Präsidialkabinetten in der Endphase Weimars hinkt daher. Allenfalls gab die Berufung Cunos einen Vorgeschmack auf die präsidentielle Regierungsbildung am Ende der Republik.

Nur für knapp drei Monate im Sommer 1923, als das Reich

am Abgrund stand, kam es zu Eberts Wunschbündnis. Doch die Cuno folgende Große Koalition von der SPD bis zur DVP unter Kanzler Stresemann war eine reine Zweckgemeinschaft, kein zukunftweisendes Projekt, wie es Ebert verstanden wissen wollte. SPD und DVP besaßen keine programmatischen Schnittmengen; nur der Wille einte sie, das Staatsschiff wieder auf Kurs zu bringen. Zwischen den beiden Flügelparteien wurde zäh um jeden Meter gerungen. Und beim ersten großen Konflikt kündigten die Partner die Gemeinschaft, die dank Kanzler und Präsident noch einmal reanimiert wurde, bevor unkluges Handeln von Stresemann und Ebert mit der Reichsexekution gegen die verfassungsmäßige zustande gekommene, aber gegen die Zentrale in Berlin opponierende SPD/KPD-Regierung in Sachsen zum Abgesang des Vierbündnisses nach einem Vierteljahr führte. Dies geschah zum Ärger Eberts. Der Sturz Stresemanns, der am 23. November 1923 keine Mehrheit für die von ihm gestellte Vertrauensfrage erhielt und demissionierte, drohte in ein längerfristiges Interregnum zu münden. Denn eine Alternative stand nicht bereit. Ebert gelang es schließlich unter nachdrücklichem Appell an das Pflichtbewusstsein, den zögernden Zentrumspolitiker Wilhelm Marx zur Übernahme der Kanzlerschaft eines bürgerlichen Minderheitskabinetts zu bewegen und damit den weit gereiften Plänen in militärischen und konservativen Kreisen für eine »legale« Diktatur den Wind aus den Segeln zu nehmen und so die Gefahr für die Demokratie zu bannen. In der Kanzlerfrage übte der Reichspräsident jetzt wieder so starken Einfluss wie in der Anfangszeit aus. Im Juni 1919 hatte er nach dem Rücktritt Scheidemanns Gustav Bauer, einen seiner engsten Freunde, zum Regierungschef berufen, und dies gegen die Intention der SPD-Fraktion, die den Parteivorsitzenden Hermann Müller bevorzugte, der dann Bauer nach dem Kapp-Lüttwitz-Putsch im März 1920 folgen sollte.

Als nach Überwindung der Krise 1923 die Kräfte erlahmt waren und ein Neuanfang gewagt werden sollte, löste Friedrich Ebert im März 1924 und ein zweites Mal im Oktober in Übereinstimmung mit der Regierung und weiten Teilen des Parlaments den Reichstag nach Artikel 25 auf, weil die Fronten verhärtet waren und ein ver-

Gedenkfeier zum 10. Jahrestag des Kriegsausbruchs vor dem Reichstag am 3. August 1924: Friedrich Ebert mit drei Reichskanzlern: dem zu diesem Zeitpunkt amtierenden Wilhelm Marx (2. v. r.), dessen Vorgänger Gustav Stresemann (6. v. r.) und Hans Luther (5. v. r., direkt neben Ebert), der im Januar 1925 Regierungschef werden wird; r.: Otto Meissner, Leiter des Büros des Reichspräsidenten.

nünftiges Regieren nicht mehr möglich schien. Die Auflösungen geschahen nicht, um, wie später unter seinem Nachfolger, dem ehemaligen kaiserlichen Generalfeldmarschall Paul von Hindenburg, das Parlament zu disziplinieren oder gar zu zerstören, sondern um den Reichstag und die Fraktionen überhaupt wieder ins Spiel zu bringen. Der Fall der Reichstagsauflösungen belegt, dass nicht die Weimarer Verfassung an sich, sondern deren Auslegung und Handhabung durch die Verfassungsorgane das eigentlich

Systemgefährdende darstellten. Hindenburg missbrauchte die präsidialen Rechte gegen die Republik.

Gegen Ende des Jahres 1924 musste Ebert erfahren, dass seine Wirkungsmacht in Regierungsverhandlungen beschnitten war, wenn die Parteien zielstrebig zugriffen. So stemmte er sich bis zuletzt gegen eine Beteiligung der antirepublikanischen Deutschnationalen Volkspartei (DNVP), die Stresemann vor und dann verstärkt nach den Reichstagwahlen vom 7. Dezember so entschieden forcierte. Nach wochenlanger Abwehr musste Ebert im Januar 1925 nachgeben und Marx, den er unter allen Umständen hatte halten wollen, um einen weiteren Rechtsruck zu verhindern, die Entlassungsurkunde ausstellen. Unter dem vermeintlich »parteilosen«, in der Tat aber dem Rechtsliberalismus zuzuordnenden neuen Reichskanzler Hans Luther nahmen mit Vertretern der DNVP zum ersten Mal Politiker einer Partei Platz am Kabinettstisch, die der Republik den Kampf angesagt hatte und immer noch der Monarchie verhaftet war, obwohl sie sicher wusste, dass eine Restauration kaiserlichen Gottesgnadentums ausgeschlossen war. Es erschien Ebert, den die Deutschnationalen über seinen Tod hinaus als den »gefährlichsten und klügsten Gegner« der wahrlich »national Gesonnenen« ansahen[13], als Anomalie, dass ausgerechnet ein Mann der DNVP das Innenministerium und damit das für Verfassungsfragen zuständige Ressort übernahm. Das mochte ihm ganz und gar gegen den Strich gehen, dagegen ausrichten konnte er jedoch nichts. Der Reichspräsident machte aber sein Unbehagen hierüber nicht publik und prangerte solch widersinnige Entwicklung nicht an. Sein Amtsverständnis hielt ihn (nicht nur in dieser Frage) von öffentlichen Stellungnahmen ab. Sein Einfluss bei Kanzlerauswahl und Koalitionsbildung war also durch aktionsbereite Parteien begrenzt. Aber oftmals scheuten sie sich vor Übernahme der Verantwortung.

> Getragen von dem unerschütterlichen Glauben an die Schaffenskraft des deutschen Volkes, will ich mein alles einsetzen für Sicherung der Demokratie und der Wiederaufrichtung unseres Wirtschaftslebens.
>
> *Geleitwort zu einer Publikation 1919*

So erlebte der erste Reichspräsident insgesamt nicht weniger als neun Reichskanzler und ein Dutzend Kabinette, von denen die Mehrzahl nicht einmal über eine parlamentarische Mehrheit verfügte. Die durchschnittliche Haltbarkeitsdauer einer Reichsregierung betrug gerade einmal sechs Monate. Da waren die sechs Jahre, die Ebert ausharrte, beachtlich. Wenn er 1922 vor Parteifreunden davon sprach, dass Sozialdemokraten gelernt hätten, »dort stehen zu bleiben«, wohin sie gerufen worden seien[14], so handelte er danach und forderte das auch von anderen ein, nicht nur von seinen Genossen. Das war ein Appell ohne den allseits großen Widerhall. So war er am Lebensende der letzte noch im Amt befindliche Mohikaner[15] aus der Riege der sozialdemokratischen Regierungsmitglieder der Umbruchszeit. In den permanenten Krisensituationen kam auch bei ihm mitunter der Wunsch auf, die Bürde des Amtes abzustreifen und in die Reihen der SPD zurückzukehren, »als Soldat zur Truppe«, wie er es einmal formulierte.[16] Bereits im Oktober 1920 klagte er: »Ich stehe jetzt zwei Jahre in der Drucklinie der öffentlichen Meinung und das genügt für meine bescheidenen Bedürfnisse.«[17] Solche Gedanken an Aufgabe keimten erstmals bei der Entscheidung über die Annahme des Friedensvertrages.

3. Der Außenpolitiker zwischen Erfüllung und Enttäuschung

»Der Reichspräsident vertritt das Reich völkerrechtlich«, bestimmte Artikel 45 der seit August 1919 gültigen Reichsverfassung. Doch schon zuvor brach die erste große außenpolitische Belastungsprobe über die junge Republik herein: der Friedensvertrag von Versailles. Der Anfang Mai 1919 von den Siegermächten präsentierte Entwurf traf das besiegte Reich wie ein Keulenschlag. Die von Ebert vor der Übergabe des Vertragsentwurfs immer wieder geäußerte Hoffnung auf einen »Frieden der Verständigung und der Aussöhnung«[18] erwies sich als illusorisch. Düstere Vorahnung schimmerte jedoch bereits in seinen Worten vom Januar 1919 durch, als er die deutsche Position bei den kommenden Friedenskonferenzen durch die »von den früheren Machthabern getriebene Politik und deren Folgen so außerordentlich geschwächt« sah.[19] Es sollte nicht einmal zu einem Verhandeln kommen. Die von Außenminister Ulrich Graf Brockdorff-Rantzau angeführte deutsche Delegation hatte lediglich die Bedingungen der Sieger entgegenzunehmen – und Berlin sie zu akzeptieren.

Im Vorfeld hatte auch Ebert eine Kampagne der Ehrlichkeit in Sachen Kriegsschuldfrage für notwendig gehalten. Es hätte Entlastung der republikanischen Regierung bedeuten können, wenn durch Aufklärung der Ereignisse von 1914 dem alten kaiserlichen Regime die Hauptverantwortung am Ausbruch des Krieges zugewiesen worden wäre. Ebert war vom hohen Maß der Schuld Deutschlands überzeugt; eine Alleinschuld – wie sie dann der Friedensvertrag protokollierte – hielt er für überzogen. Ob eine auch von ihm befürwortete Veröffentlichung der deutschen Akten zum Kriegsausbruch bei den Friedensvertragsverhandlungen hätte nützlich sein können, bleibt fraglich. Der Test wurde nicht gemacht. Zweifellos aber hätte ein Eingeständnis der Verantwortung den Bruch der neuen Republik mit dem Kaiserreich signalisiert und eine Verurteilung des monarchistischen Machtstrebens ermöglicht. Ebert hatte dies erkannt, aber im weiteren Verlauf nicht mit Bestimmtheit die klare Distanzierung der demokratischen Regierung von der einen Waffengang bewusst in Kauf nehmenden wilhelminischen Außenpolitik eingefordert oder durch öffentlichen Aufruf bekundet.

Die auch von Ebert gehegte Hoffnung auf einen einigermaßen erträglichen Frieden wich nach Bekanntgabe des alliierten Entwurfes der Entrüstung. Denn die Forderungen der Sieger übertrafen die schlimmsten Befürchtungen. Neben Gebietsabtretungen, die etwa ein Siebtel des Deutschen Reiches ausmachten, und dem Verlust der Kolonien sollte die Armee auf ein Berufsheer von nur 100.000, die Marine auf 15.000 Mann reduziert, das Rheinland besetzt und entmilitarisiert werden. Dazu kamen Strafbestimmungen wie die Auslieferung von Kriegsverbrechern. Die stärksten Emotionen löste der sogenannte »Schmachartikel« 231 aus. Mit der darin festgeschriebenen Alleinschuld Deutschlands am Weltenbrand begründeten die Sieger hohe, zunächst noch nicht

Massenproteste gegen den alliierten Entwurf eines Friedensvertrages: Friedrich Ebert spricht am 18. Mai 1919 vom Balkon des Reichsinnenministeriums.

festgelegte Reparationen. Ein Schrei der Empörung tönte durch das Land; auch für Ebert war der Entwurf »unerfüllbar, unerträglich und unannehmbar«.[20] Mit diesem Dreiklang gab er exakt die Stimmung der überwiegenden Mehrheit der Deutschen wieder. Auch er ließ sich in den Taumel starker Worte hineinziehen, wenn er am 18. Mai auf einer der zahlreichen Protestversammlungen den Satz prägte: »Wir wären ehrlos und würdelos, wenn wir nicht unsere ganze Kraft aufbieten gegen die Schmach, die uns angedroht wird.«[21]

Der von ohnmächtiger Wut getragene öffentliche Protest war die eine Seite, die nüchterne Analyse der Möglichkeiten, wie auf den Entwurf zu reagieren war, die andere. Es sei nun Pflicht der Politiker, so ließ Ebert öffentlich verlauten, »klaren Kopf und ruhige Nerven zu behalten«.[22] Ungeachtet der emotionalen Aufwallung wollte er die Diskussion auf eine sachliche Ebene verlagern und hielt auf der ersten Kabinettssitzung nach Bekanntgabe des Entwurfs die Regierungsmitglieder an, trotz der verständlichen Erregung das Ganze mit Ruhe zu prüfen.[23] Viel zu prüfen gab es nicht. Denn zum einen ließen die Sieger nicht mit sich handeln, und zum anderen fehlte den Deutschen eine Alternative zur Unterzeichnung. Es sei denn, man wollte einen neuen aussichtslosen Waffengang mit den militärisch überlegenen Siegermächten riskieren. Dazu aber war das nach vier Jahren Krieg ausgeblutete Reich militärisch überhaupt nicht in der Lage. Berlin musste einwilligen. Um im Diktum Eberts vom 18. Mai zu bleiben: Die »Kraft« reichte eben nicht aus, um die »Schmach« abzuwenden.

In diesen überhitzten Tagen des Frühjahres 1919 war der Präsident wie viele Politiker einer extremen Belastung ausgesetzt, stand die Regierung doch, mit Eberts Worten, vor einer schicksalsschweren Entscheidung, die in der »Geschichte beispiellos« war.[24] Er hegte Gedanken an Rücktritt, so wie ihn Philipp Scheidemann vollziehen sollte, nachdem durch ein Patt zwischen den Ministern, die annehmen, und denen, die ablehnen wollten, die Regierung lahmgelegt war. Ebert aber blieb, geleitet von der Erkenntnis, dass nach der Demission der Regierung sein Abschied eine Staatskrise auslösen würde – mit unabsehbaren Folgen für den Fortbestand des Reiches.

Angesichts der ultimativen Drohung der Alliierten mit Wiederaufnahme der Kampfhandlungen im Falle einer deutschen Verweigerung rang sich Ebert schließlich zur Unterzeichnung durch. Der im Zentrum der Entscheidung agierende Präsident versicherte sich bei der militärischen Führung, dass im Falle der Annahme von dort keine Gegenaktionen kommen würden, und setzte bis kurz vor Ablauf des alliierten Ultimatums alles daran, ein unterzeichnungswilliges Kabinett und eine parlamentarische Mehrheit für die Zustimmung zustande zu bringen. Beides sollte ihm unter Druck auf die Parteien schließlich gelingen. Der Nationalversammlung blieb keine andere Wahl, als am 23. Juni 1919 die neue Reichsregierung unter Gustav Bauer, vorübergehend allein aus SPD und Zentrum bestehend, zu ermächtigen, den Vertrag zu unterschreiben.

Nach der Annahme der Friedensbedingungen war es für Ebert geboten, den – zweifellos geringen – außenpolitischen Spielraum zu nutzen. Der Aufruf von Präsident und Regierung gab die Richtung vor, in dem als unbedingtes Erfordernis die Vertragserfüllung benannt wurde, denn sonst drohe ein Wiederaufflammen des Krieges. Er wusste sehr wohl, dass die Unterzeichnung vornweg im Militär für erhebliche Unruhe sorgen musste. So empfing er am 24. Juni im Hof des Weimarer Schlosses eine Abordnung der für die Sicherheit der Nationalversammlung zuständigen Einheiten, der er die Entscheidung zu erklären versuchte und die er gleichzeitig zur Pflichterfüllung ermahnte. Er fand markige Worte, sprach von der brutalen Gewalt der Übermacht, der man sich nach »schwerem innerem Kampfe und mit blutendem Herzen« habe beugen müssen; er forderte gleichzeitig dazu auf, die »Zähne zusammenzubeißen« und das »Letzte [...] für die Zukunft Deutschlands« aufzubieten. Für das demoralisierte Heer im Juni 1919 schienen dies die richtigen Wendungen zu sein.[25] Aber die Wirkung war begrenzt.

Denn der Friedensvertrag und die nationalistische Agitation gegen den »Schandfrieden von Versailles« entwickelten sich zu einer schweren Hypothek für die Republik. In den Friedensbedingungen »mit ihren wirtschaftlichen und politischen Unmöglichkeiten« erblickte Ebert mit gutem Grund den größten »Feind der deutschen Demokratie« und die wohl stärkste Triebkraft für Kommunismus und Nationalismus.[26] Die nationalistische Rechte saugte das Gift gegen die Republik ganz wesentlich aus dem Vertrag.

Für Ebert stand fest: Die Lasten konnten nur in beharrlichen Verhandlungen mit den Westmächten gemildert werden. Aus dieser Erkenntnis heraus stützte er den 1921 eingeschlagenen Kurs der »Erfüllungspolitik«, mit der das Reich augenscheinlich versuchte, den Forderungen der Siegermächte nachzukommen, doch letztlich nur um so deren Unerfüllbarkeit zu beweisen. Berlin hoffte, damit die Alliierten zum Nachgeben bewegen zu können. Zu dieser Taktik existierte keine realistische Alternative. Das meinte auch

Ebert: »Es gibt für uns keinen anderen Weg, als der Welt die Unerfüllbarkeit der Friedensbedingungen durch die Tat zu beweisen.«[27]

Zugleich galt sein Streben der parlamentarischen Absicherung dieser Strategie. Das implizierte die Einbeziehung der DVP, um auch das rechte Spektrum und insbesondere die Industrie in die Verantwortung für die Erfüllung des Vertrages und für dessen reparationspolitische Obliegenheiten zu gewinnen. So schrieb er privatim an einen Parteifreund in Heidelberg im Mai 1921, nachdem Deutschland den Londoner Zahlungsplan zur Begleichung der Reparationen angenommen hatte: Man müsse nunmehr alles versuchen, »um alle Kräfte für die praktische Durchführung der Wiedergutmachung einzusetzen«, wobei dies für ihn nicht zuletzt von dem Willen seiner Partei zur politischen Zusammenarbeit mit allen maßgebenden Kräften des Wirtschaftslebens abhing.[28] Zwei Dinge an diesen Zeilen waren bemerkenswert: Ebert verwandte den Begriff »Wiedergutmachung«, anerkannte also die Pflicht zu einer Entschädigung für das vom kaiserlichen Deutschland verursachte Unrecht, zumindest im Rahmen des Möglichen. Des Weiteren benannte er als Grundvoraussetzung für einen Erfolg die Öffnung der SPD für eine Kooperation auch mit der DVP, die in weiten Teilen die Interessen der Industrie vertrat. Damit setzte er viel an Kompromissfähigkeit bei der eigenen Partei voraus.

Angesichts des hohen Stellenwertes der Außenpolitik wollte Ebert bei ihrer Konzeption und Durchführung mitbestimmen, auch weil von den auswärtigen Entscheidungen das Wohl und Wehe der Republik, vor allem ihre finanzielle Leistungsfähigkeit, abhing. Über die Mitwirkung in materiellen Weichenstellungen hinaus griff er auch in personellen und organisatorischen Fragen ein. Aus dem präsidialen außenpolitischen Vertretungsrecht leitete er die Befugnis ab, bei der Bestellung des Außenministers ein entscheidendes Wort mitzureden, sah er doch in diesem seine Vertrauensperson. Ohne den Präsidenten oder gar gegen ihn war der Außenminister vom Kanzler nur schwerlich zu bestellen. Von den acht Außenministern in Eberts Amtszeit verdankten einige ihre Berufung der Initiative des Präsidenten, der mitunter hartnäckig blieb, um zögerliche Kandidaten für den Chefsessel im Außenministerium zu gewinnen, wie etwa Walther Rathenau im Januar 1922. Und nach dem Rücktritt Stresemanns als Kanzler 1923 setzte Ebert alles daran, den DVP-Mann zumindest als Außenminister in der neuen Regierung Marx zu halten. Der Präsident willigte aber auch ein, wenn der Reichskanzler eine Person für den Posten haben oder aber einen Außenminister loswerden wollte. Dabei respektierte Ebert die Interessen des demokratischen Regierungschefs.

Auch durch die in Artikel 46 der Verfassung verankerte Befugnis, die Reichsbeamten zu ernennen, war Ebert in die personalpolitischen Entscheidungen eingebunden, was sich insbesondere bei der Neustrukturierung des Auswärtigen Amtes und des diplomatischen Dienstes niederschlug. Bei der Auswahl des Personals ließ er sich von dem Vorsatz leiten, nach außen hin den verfassungspolitischen Wandel vom Kaiserreich zur Republik zu signalisieren und Missionen auch mit Persönlichkeiten jenseits der klassischen Laufbahn zu besetzen. So öffnete sich in seiner Amtszeit der diplomatische Dienst in einem nicht unwesentlichen Ausmaß für Quereinsteiger. Auch einige Sozialdemokraten übernahmen Gesandtenposten, darunter der ehemalige Volksbeauftragte Otto Landsberg oder die mit Ebert eng verbundenen Adolf Köster, Adolf Müller und Ulrich Rauscher. Parteipolitik war aber nicht Leitlinie: Für Washington eiste Ebert den Krupp-Direktor Otto Wiedfeldt vom Unternehmen los, weil er mit dem Mann der Großindustrie die USA aus ihrer »Lethargie gegenüber Europa« herausholen wollte.[29]

Wie im personellen Bereich, so griff Ebert auch in Fragen der außenpolitischen Repräsentation ein. Hier aber blieben die Aktivitäten des Präsidenten begrenzt. Eine Auslandsreise unternahm er wegen der internationalen Isolierung der Republik nicht. Nur ganz wenige Staatsgäste wie der österreichische Bundeskanzler Ignaz Seipel 1922 oder der amerikanische Außenminister Charles E. Hughes zwei Jahre später besuchten in offizieller Mission das nach dem Krieg ausgegrenzte Deutsche Reich. Das erklärt die Bedeutung, die die Regierung doch eher nachrangigen diplomatischen Ereignissen beimaß. So empfing Ebert den gewählten, aber noch nicht ins Amt eingeführten mexikanischen Präsidenten

Eines der wenigen repräsentativen Ereignisse von außenpolitischer Bedeutung: Friedrich Ebert empfängt am 22. August 1924 den designierten mexikanischen Präsidenten Plutarco Elías Calles wie ein Staatsoberhaupt; hier beim Verlassen des Lehrter Bahnhofs in Berlin.

Plutarco Elías Calles 1924 wie ein Staatsoberhaupt und stattete 1923 dem in Hamburg ankernden argentinischen Schulschiff »Presidente Sarmiento« einen Besuch ab, weil sich das Außenamt dadurch einen, wenn auch nur bescheidenen internationalen Prestigegewinn erhoffte. Dieser stellte sich tatsächlich ein. Im Kern beschränkte sich aber die außenpolitische Repräsentation des Reichspräsidenten auf den Empfang der Botschafter bei deren Akkreditierung und für das diplomatische Korps zu Neujahr, auf dessen Durchführung Ebert besonderen Wert legte.

Erstmalig bat er 1922 zum Jahresauftakt die Gesandten zu sich ins Palais. Zwar hatte er auch 1921 einen solchen den diplomatischen Gepflogenheiten entsprechenden Empfang geplant, aber das Auswärtige Amt war nicht in der Lage und wohl auch nicht willens gewesen, diesen rechtzeitig zu organisieren. Es spricht für die Akribie Eberts und die Bedeutung, die er diesen doch eher formalen Verpflichtungen zuwies, dass er die vom Außenamt angefertigten schriftlichen Vorlagen für die Zusammenkünfte mit den Diplomaten einer kritischen Prüfung unterzog und einige als zu mangelhaft monierte, da sie sich in Nettigkeiten und Allgemeinplätzen erschöpften. Das mochte bis 1918 dem Staatsoberhaupt genügen, Ebert aber verlangte detaillierte Informationen über den Stand der bilateralen Beziehungen und über seinen Gesprächspartner. Daraus einen sinnvollen Dialog zu entwickeln, traute er sich sehr wohl zu.

Die Unstimmigkeiten mit dem Außenamt in Fragen der Repräsentation erwiesen sich aber als sekundär im Vergleich zu substantiellen Differenzen in der außenpolitischen Grundrichtung. Es blieb Eberts Leitlinie, durch beharrliche Verhandlungen mit den westlichen Siegermächten zu versuchen, die Reparationen zu reduzieren und letztlich Deutschland wieder in den Kreis der gleichberechtigten Nationen zu führen. Dazu bedurfte es eines langen Atems, denn das Warten auf Entgegenkommen der Sieger wurde auf eine harte Probe gestellt. Ebert fühlte sich immer wieder bitter enttäuscht: »Wir sind uns klar [...], dass wir das Kreuz allein tragen und den Kelch bis zur Neige leeren müssen«, meinte im November 1920 ein fast schon resignierender Reichspräsident.[30]

> Der Völkerversöhnung und der Völkergemeinschaft muss die Zukunft gehören. Wohl ist der Weg dorthin weit und schwierig, verzagen dürfen wir aber nicht.
> *Rede auf der Gedenkfeier für die Opfer des Weltkrieges, 23. November 1919*

Jegliche Zuversicht schwand bei ihm, als die Siegermächte Ende Januar 1921 die Höhe der von Deutschland zu zahlenden Reparationen auf 226 Milliarden Goldmark festlegten. Der Kelch war nun prall gefüllt. Wie so oft beschwor Ebert in dieser schwierigen

Situation die »fest gefügte Schicksalsgemeinschaft« des Volkes.[31] Ultimativ forderten die Sieger am 5. Mai die Annahme des auf ihrer Konferenz in London festgelegten Zahlungsplans, andernfalls drohte das Ruhrgebiet besetzt zu werden. Die Situation war ohnehin prekär, denn ein Tag vor Bekanntgabe des Ultimatums hatte die Regierung Fehrenbach in einem hohen Maß von Resignation über die vergeblichen Versuche in der Reparationsfrage die Segel gestrichen. Der neuen Regierung von Kanzler Joseph Wirth blieb keine andere Wahl, als in die Londoner Beschlüsse mit ihren harten Bedingungen einzuwilligen.

Kaum ein halbes Jahr später folgte mit der Entscheidung über Oberschlesien der nächste Nackenschlag. Eberts vielfach geäußerte Erwartung, dass bei einer Mehrheit in der entsprechend dem Friedensvertrag durchgeführten Volksabstimmung für Deutschland das preußische Oberschlesien als Ganzes beim Reich verbleiben würde, erfüllte sich nicht. Zwar sprach sich die dortige Bevölkerung im März 1921 mit knapp 60 Prozent für den Status quo aus. Doch verfügten die Alliierten im Oktober eine im Friedensvertrag durchaus vorgesehene Aufteilung zwischen Polen und Deutschland, wobei die Grenzziehung für Deutschland ungünstig verlief, fiel doch das ostoberschlesische Industriegebiet fast ganz an Polen und nur der industriell weniger bedeutsame Teil blieb beim Reich. Die Entscheidung verbitterte die deutsche Seite, auch den Präsidenten, der auf Zeitgenossen regelrecht niedergeschlagen wirkte.

Im April 1922 bereiteten Reichskanzler Wirth und sein Außenminister Rathenau mit dem Vertrag zwischen Deutschland und Sowjetrussland Ebert eine weitere Enttäuschung. Der Abschluss im oberitalienischen Rapallo, durch den beide Staaten ihre Beziehungen normalisierten, erfolgte während der Genua-Konferenz, bei der es vordringlich um den wirtschaftlichen Wiederaufbau in Mittel- und Osteuropa ging. Auch Ebert erhoffte sich dort eine Reduktion der Reparationslasten. Dies alles schien gefährdet durch Rapallo. Wirth hatte dem Staatsoberhaupt im Wissen um dessen Westorientierung und dessen Misstrauen gegenüber den Sowjets die geheimen Vorbereitungen sorgsam verschwiegen. Mit Moskau wollte der Reichspräsident nicht verhandeln, die Bolschewiki betrachtete er nicht als vertrauenswürdige Gesprächspartner. Doch schloss auch er ein vorsichtiges Zugehen auf Sowjetrussland nicht kategorisch aus. Er war genügend Realpolitiker, um die deutschen Interessen im Osten nicht aus den Augen zu verlieren. Aber sie hatten keine Priorität, so dass er im Vertrag von Rapallo ein waghalsiges Unterfangen zur Unzeit erblickte.

Sein grundsätzliches Misstrauen gegenüber einer offeneren Ostpolitik und seine bisherigen Erfahrungen hatten ihn in den Vorgesprächen zur Genua-Konferenz eindringlich darauf hinweisen lassen, dass die völkerrechtliche Vertretung bei ihm als Reichspräsidenten lag; er hielt Wirth an, vor irgendwelchen Abmachungen sein Plazet einzuholen.[32] Mit solch präzisem Nachdruck hatte man den Reichspräsidenten am Regierungstisch selten erlebt. Da schwang wohl auch eine gewisse Vorahnung mit, dass der Kanzler möglicherweise im Alleingang handeln würde.

Denn schon einmal war Ebert auf dem Feld der Ostpolitik umgangen worden, als die Regierung im Mai 1921 handstreichartig zwei Verträge mit Sowjetrussland über die Kriegsgefangenenfrage, mit Errichtung von Fürsorgestellen mit quasi konsularischem Charakter, und über Handelsbeziehungen unterzeichnete. Von dem überstürzten Abschluss im Trubel um den Londoner Zahlungsplan erfuhr Ebert erst aus der Zeitung. Der zu dieser Zeit als Reichsfinanzminister amtierende Joseph Wirth hatte unter Umgehung des Staatsoberhaupts, der erhebliche Bedenken gegen die Abkommen besaß, die Unterzeichnung forciert. Das Spiel wiederholte sich ein Jahr später – wiederum mit Wirth als Hauptakteur, diesmal in der Rolle des Regierungschefs. Über den Coup von Rapallo war Ebert nachhaltig verstimmt, denn er glaubte durch die damit eingeschlagene Ostorientierung seine nach Westen ausgerichtete Politik torpediert und das Verhältnis zu den alliierten Siegern schwer belastet. Neben der inhaltlichen Kritik hatte das Ganze auch eine staatsrechtliche Komponente: Der Reichspräsident fühlte sich als verfassungsmäßiger außenpolitischer Vertreter glattweg überrumpelt.

Trotz der begründeten Missstimmung wollte Ebert keine Regierungskrise vom Zaun brechen. Intern mochte es heftig zugehen, nach außen drang nichts. Da musste das Bild der Einigkeit gewahrt werden, was seinem Rollenverständnis als Stütze der Regierung entsprach. Demonstrative Geschlossenheit war die Parole, der sich auch Ebert unterordnete. Entgegen der eigenen Einschätzung verteidigte er gegenüber der Presse den Vertrag als notwendig und erforderlich. Als Konter gegen Wirth ernannte er dann aber gegen dessen Willen mit dem vormaligen Außenminister Brockdorff-Rantzau einen Mann seiner Wahl zum ersten Botschafter in Moskau. Das Vertrauensverhältnis zwischen Ebert und Wirth war dauerhaft zerstört, zumal der Präsident auch über die sich 1922 anbahnende militärische Kooperation von Reichswehr und Roter Armee nicht informiert worden zu sein scheint, zumindest nicht im Detail.

Auch wenn der Vertrag mit Moskau einen Erfolg für das außenpolitisch um Akzeptanz ringende Deutschland darstellte, so belastete er, wie von Ebert befürchtet, die Beziehungen zum Westen. Rapallo sorgte bei den Siegern für einige Irritationen. Frankreich holte bald zum Schlag aus: Im Januar 1923 wurde das Ruhrgebiet besetzt, was die schwerste Krise der Republik auslöste. In dieser existenzbedrohenden Situation rückte der Reichspräsident wie in den anderen Notlagen als Krisenregulator ins Zentrum der Politik.

4. Der Krisenmanager

Die ersten Jahre der Republik waren gekennzeichnet von zahlreichen lokalen Unruhen, denen der Reichspräsident mit Entschiedenheit begegnete, um Ruhe und Ordnung herzustellen. So wurde die gewalttätige kommunistische Münchner Räterepublik mit Gegengewalt niedergeschlagen. Wie in München war Ebert bereit, gegen Aufstände umgehend Reichswehr einzusetzen. Aber ausgerechnet Teile des Militärs wagten im März 1920 den ersten reichsweiten Versuch, die junge Republik zu stürzen. Auslöser war die drastische Verringerung des zu diesem Zeitpunkt noch etwa 250.000 Mann starken Heeres auf die im Friedensvertrag festgeschriebene Höhe von 100.000. Das kam einer Massenentlassung gleich.

Auf dem Feld der Militärpolitik hatte sich der Reichspräsident, dem die Verfassung den Oberbefehl über die gesamte Wehrmacht des Reiches zuwies (Artikel 47), intensiv in Personalfragen – mehr als nach außen drang – eingebracht, sich hierbei zumeist auf den Sachverstand der verantwortlichen Politiker und obersten Militärs verlassen. Er verkümmerte jedoch nie zu einem willfährigen Handlanger. Er verfolgte keine von außen soufflierte, sondern von ihm selbst als notwendig und möglich erkannte Militärpolitik. Eine grundstürzende Reform und ein umfassender personeller Austausch hatten in der Revolutionszeit nicht stattgefunden. Mit dem Rückgriff auf das alte Offizierskorps waren Vorentscheidungen für die künftige Armee gefallen. Als Reichspräsident blieb sich Ebert seiner Linie treu: Er wollte unter Verzicht auf eine weite personelle Erneuerung eine vertrauensvolle Beziehung zwischen Militär und Staatsoberhaupt aufbauen. Er zielte darauf ab, die im Kaiserreich groß gewordenen Offiziere so mit in die Republik zu nehmen und ihnen die Chance zu geben, sich in die Demokratie einzugewöhnen. Doch rechtfertigte das Offizierskorps diesen Vertrauensvorschuss nicht.

Als im Zuge der Verkleinerung der Reichswehr auch die Marinebrigade Ehrhardt, die schlagkräftigste Truppe im Reich, aufgelöst werden sollte, forderte General Walther von Lüttwitz, als Oberbefehlshaber des Reichswehrgruppenkommandos 1 militärischer Vorgesetzter der Truppen im ostdeutschen Raum, ultimativ von Ebert die Rücknahme der Anordnung. Der ließ aber nicht mit sich handeln. Das nahm ein zum Umsturz entschlossener rechtsmilitanter Zirkel von Verschwörern um den hohen Beamten Wolfgang Kapp und eben General Lüttwitz als Signal zum vorzeitigen Losschlagen.

In den ersten Stunden des Kapp-Lüttwitz-Putsches am 13. März 1920 hing das Schicksal der rechtmäßigen Regierung von der militärischen Führung ab. Die Mehrheit der maßgeblichen Offiziere zeigte sich nicht bereit, der auf Berlin zumarschierenden Marinebrigade Ehrhardt mit militärischen Mitteln zu begegnen, weil die Truppe der Belastung, auf Kameraden zu schießen, nicht gewachsen sei. Nur der Chef der Heeresleitung, Oberst Walther Reinhardt, plädierte dafür, den Umstürzlern entschieden entgegenzutreten. Von der bewaffneten Macht weitgehend im Stich gelassen, blieb der Regierung nur ein Ausweichen. Kurz bevor die Truppen der Putschisten in das Regierungsviertel einrückten, verließen Ebert und einige Minister Berlin, zunächst nach Dresden, dann, als es im Sächsischen zu unsicher wurde, weiter ins württembergische Stuttgart. Für ihn gab es kein Verhandeln; jegliche Konzession an die Putschisten lehnte er ab, wenn nötig, müsse man kämpfen, »erst mit wirtschaftlichen Mitteln, dann mit Waffen«.[33] Nach wenigen Tagen war der Spuk vorbei, vertrieben durch den in erster Linie von der Arbeiterbewegung getragenen Generalstreik.

Unmittelbar nachdem Ebert mit dem Ministertross Berlin verlassen hatte, war ein Aufruf zum Generalstreik erschienen. Die Entstehungsgeschichte der von ihm, den sozialdemokratischen Kabinettsmitgliedern und dem SPD-Vorsitzenden Otto Wels unterzeichneten Proklamation liegt weitgehend im Dunkeln. Eine vom Reichspräsidenten an erster Stelle unterzeichnete Aufforderung zum Streik? Passte das in das Bild des sozialdemokratischen Staatsoberhaupts, das immer wieder Ruhe und Ordnung gepredigt hatte? Durchaus, denn es ging jetzt um nicht mehr und nicht weniger als um den Fortbestand dieser von ihm wesentlich geschaffenen Demokratie. Sein Lebensziel stand auf dem Spiel. In der Stunde der höchsten Gefahr, nachdem die einzige wirkungsvolle Waffe, die die Regierung umgehend gegen die Putschisten hätte ins Feld führen können, eben das Militär, sich abwartend ins Schneckenhaus verkrochen hatte, befürwortete Ebert den Generalstreik. Später jedoch, als das Ende der Rebellion abzusehen war, distanzierte er sich vom reichsweiten Generalstreik, erachtete ihn aber immer noch für die Gebiete als notwendig, wo sich die Putschisten behaupten konnten.

Mit dem Sieg über die Republikfeinde im Rücken forderten weite Teile der SPD und der sozialistischen Gewerkschaften die Entlassung von Reichswehrminister Gustav Noske, den sie für eine verfehlte Militärpolitik verantwortlich machten. Ebert aber hielt an dem umstrittenen SPD-Minister in der Überzeugung fest, dass nur dieser die Reichswehr in den Griff bekommen könne. Mochte

Mit Reichswehrminister Gustav Noske (l.) und General Wilhelm Groener (r.) in Schwarzburg am 30. Juli 1919: Besprechungen über die militärische Neuorganisation.

der Präsident auch sein ganzes politisches Gewicht für den sozialdemokratischen Wehrexperten in die Waagschale werfen, so half das nichts mehr. Er musste sich dem massiven Druck beugen. Da sich – wie von ihm vorhergesagt – in der SPD kein Nachfolger für den ungeliebten Posten fand, gab die Partei eine zentrale Bastion preis und verspielte damit die Chance, direkt auf die Reichswehr einzuwirken und sie zu einem republiktreuen Machtinstrument unter sozialdemokratischer Führung zu formen. Dem neuen Reichswehrminister Otto Geßler (DDP), der sich als »Vernunftrepublikaner« bezeichnete, war die Republik keine Herzenssache.

Eine weitere personelle Konsequenz auf militärischer Ebene war der Rücktritt von Walther Reinhardt als Chef der Heeresleitung, ausgerechnet jenes Mannes, der als einziger in der militärischen Führung für Widerstand gegen die Aufrührer plädiert hatte. Ebert versuchte vergeblich, ihn zu halten. Nachfolger wurde General Hans von Seeckt.

Der Abgang Noskes läutete auch das Ende der Regierung unter Kanzler Bauer ein, an dessen Stelle der SPD-Vorsitzende Hermann Müller trat, der aber nur bis zu den Reichstagswahlen im Juni 1920 im Amt bleiben sollte. Den Gewerkschaften genügten die personellen Wechsel aber nicht. Ihre Forderung nach Einfluss auf die Neubildung der Regierung und nach Reformen, über den militärischen Bereich hinaus, blockte Ebert erfolgreich mit dem Hinweis ab, dass bei alledem die Verfassung zu respektieren sei. Neustrukturierung war Sache des gewählten Parlaments. Das blieb Richtschnur.

Die Konsequenzen, die Ebert aus dem Staatsstreich ziehen wollte, konzentrierten sich vornehmlich auf Bestrafung und Ausmusterung der offen antirepublikanischen Kräfte im Waffenrock, denn zahlreiche Offiziere hatten sich den Verschwörern angeschlossen, andere sich nicht eindeutig auf die Seite der rechtmäßigen Regierung gestellt. Er schaltete sich stärker in die militärische Personalpolitik ein und drängte Seeckt auf ein »scharfes Vorgehen gegen die Schuldigen und auf schnelle Säuberung der Truppe«.[34] Doch die Sache versandete, als der Reichstag mit einem Amnestiegesetz einen vorzeitigen Schlussstrich zog. Zwar wurden sechs Generale und weitere 166 Offiziere entlassen, aber kein einziger der Reichswehr erhielt wegen seiner Beteiligung am Umsturzunterfangen eine Freiheitsstrafe. Dabei blieb es.

Ebert redete auch in der Folgezeit einer verfassungstreuen Wehrmacht das Wort. So schwor er die Kommandeure der Gruppen- und Wehrkreiskommandos Anfang Juni 1920 auf ihre Verantwortung vor »Recht und Gesetz« ein. Bei dieser Gelegenheit hob er wieder sein Ziel hervor, eine »unbedingt verfassungstreue, gut disziplinierte und von pflichtbewussten Offizieren geführte Truppe« zu bilden.[35] Dabei lag, so klagte Ebert an anderer Stelle, die Schwierigkeit besonders darin, dass der Friedensvertrag Deutschland nachgerade eine »Söldnertruppe« aufzwinge, die für jedes Staatswesen gefährlich sei.[36] Hiermit spielte er auf die vom Versailler Vertrag auferlegte Abschaffung der allgemeinen Wehrpflicht an. Viel lieber hätte auch er eine Armee aus Wehrpflichtigen, und zwar mit einer Dienstzeit von einem Jahr, geschaffen.

Die friedensvertragliche Reduktion der Truppenstärke und das Ziel, republiktreue Kräfte für die Reichswehr zu gewinnen, waren nur schwerlich miteinander zu verknüpfen. Über all dem stand Eberts Bemühen, den Militärs die Zeit zu geben, um sich mit der Republik zumindest zu arrangieren, wenn sie schon nicht mit Herzblut bei der Sache sein konnten. Das ging nicht von heute auf morgen. In militärdisziplinarischen Fragen zeigte er sich konsequent und ließ strafwürdige Fälle von Reichswehrangehörigen durch das Reichswehrministerium untersuchen und – wie allgemein – jede antirepublikanische Entgleisung auch beim Militär strengstens verfolgen; denn seine Erwartung, mit der Niederschlagung des Kapp-Unternehmens »endlich solche Narrheiten«[37] hinter sich zu haben, erwies sich als zu optimistisch.

> So müssen wir die demokratische Republik, für die wir jahrzehntelang gekämpft haben, nicht nur gegen Rechts, sondern auch gegen Links verteidigen. Gegen Militärputsche und Kommunistenputsche kämpfen wir für die Sicherung der Republik. Es ist nicht ausgeschlossen, dass uns eines Tags die Putschisten von rechts und links in einheitlicher Front gegenüberstehen.
> *Brief an den schwedischen Ministerpräsidenten Hjalmar Branting, 16. April 1920*

Ein grundlegender Strukturwandel und eine stärkere demokratische Kontrolle der Militärmacht, wie von einigen Sozialdemokraten weiterhin gefordert, passten nicht in Eberts wehrpolitische Vorstellungen. Geßler und Seeckt hielten die Reichswehr von jeglicher Parteipolitik und umgekehrt die Parteipolitik von der Militärmacht fern. Das ermöglichte es der Reichswehr, sich abzukapseln und in Distanz zur republikanischen Staatsordnung zu verharren. Dem steuerte der Reichspräsident zu wenig entgegen. Das endgültige Wehrgesetz vom März 1921 neutralisierte das Militär politisch. So wurde die Reichswehr kein integraler Bestandteil der Republik. Sie blieb ein Fremdkörper. Ihre Verpuppung zu einer nur dem abstrakten Staat verpflichteten und nicht auf die Demokratie eingeschworenen Institution nahm ihren unheilvollen Lauf; die Entpolitisierung der Reichswehr führte in der Substanz zu ihrer Entrepublikanisierung.

Bis zum Kapp-Lüttwitz-Putsch hatten Reichspräsident und Reichsregierung bei Unruhen auf die Reichswehr zur Sicherung von Ruhe und Ordnung zurückgegriffen. Nach den Erfahrungen vom März und April 1920, besonders mit dem Einsatz der Reichswehr gegen die »Rote Ruhr-Armee« aus Kommunisten und radikalen Unabhängigen, die nach Abbruch des Generalstreiks hatten weiterkämpfen wollen, wurde das Militär von dieser Aufgabe entbunden. So wurde die Niederwerfung des kommunistischen Aufstandes im mitteldeutschen Industrierevier im März 1921 der preußischen Schutzpolizei überantwortet. 1923 aber rückte das Militär wieder in die Funktion als Krisenregulator.

In diesem Jahr geriet die Republik in eine existentielle Notlage, ausgehend von der Besetzung des Ruhrgebiets durch französische und belgische Truppen am 11. Januar. Als Abwehrmaßnahme proklamierte die Reichsregierung den passiven Widerstand: Die Bevölkerung der betroffenen Gebiete wurde aufgerufen, jegliche Zusammenarbeit mit den Besatzern zu verweigern. Ebert, der sogleich in den Westen reiste, um den bedrängten Landesteilen die Solidarität der gesamten Nation zu bekunden, befürwortete bis zuletzt den passiven Widerstand, der, vom Reich finanziert, die Inflation in astronomische Höhen trieb. Die Notenpresse lief auf Hochtouren. Während der Präsident in den ersten Wochen der Ruhrbesetzung in scharfen Worten das Vorgehen der Franzosen geißelte, traten später immer mehr Durchhalteparolen und die Betonung der Einheit in den Vordergrund. Auf der Leipziger Frühjahrsmesse im März sprach er noch von einem einzigartigen Überfall in der »neueren Geschichte der Völker« mit »Reitpeitsche und Bajonett«, von barbarischer Gewalt und Militärwillkür und von »all den tausendfachen Quälereien des enttäuschten und ner-

An der Grenze zu dem seit Januar 1923 besetzten Teil des Ruhr-Reviers: Ebert versichert am 18. März 1923 in Hamm der Ruhrbevölkerung die Solidarität des Reiches und mahnt zur Einigkeit mit dem Leitspruch der frühen Arbeiterbewegung: »Einer für alle, alle für einen«.

vös gewordenen Eroberers«.[38] In Hamburg Ende April rückte dann der einst mit so viel Entschlossenheit proklamierte, aber stetig bröckelnde passive Widerstand in den Vordergrund. Hier stellte Ebert das Volk in »opferfreudiger Entsagung und heldenmütiger Geduld« heraus.[39] Er beherrschte ganz und gar die Einheitsrhetorik, die sich in seinem Aufruf zum Verfassungstag im August widerspiegelte: »Das Unglück verbindet. Mannesfaust schlägt ein in Mannesfaust, Frauenhand fasst Frauenhand.« Das deutsche Volk werde »auch diese trüben Stunden überwinden, wenn es standhaft bleibt in treuem Zusammenhalten, in Gemeinsinn, Ordnung, Arbeit und Opferwilligkeit«.[40] Das war in der Krise das Credo seiner Reden, wo er den Appell zur Einheit auf den alten Leitspruch der Arbeiterbewegung komprimierte: »Einer für alle, alle für einen.«[41]

In diesem Zusammenhang wird in der Forschung auf Eberts Rede in Darmstadt im Februar 1923 hingewiesen, in der er rassistische Formulierungen gebraucht und die Propaganda von der sogenannten »Schwarzen Schmach am Rhein« befeuert habe, eben die Klage an die Adresse der Franzosen, bevorzugt farbige Truppen aus ihren Kolonien zum Einsatz zu bringen. Mit dem Darmstädter Auftritt habe Ebert einen übersteigerten irrationalen Nationalismus munitioniert, der in diesen Monaten im rechten publizistischen und öffentlichen Raum gepflegt wurde. Die vermeintliche Rede ist in einer nach seinem Tod vom ältesten Sohn Friedrich herausgegebenen Quellenedition zu finden, basierend auf einem Manuskript in den Dienstakten des Präsidenten. Jedoch: Ebert hielt diese Rede in dieser Version gar nicht. Die tatsächlichen Worte kulminierten zwar auch in einer scharfen Anklage an die Besatzungsmacht, aber ohne rassistische Wendungen.[42]

Die wenig entgegenkommende Haltung der Siegermächte ließ jedoch auch ihn in das ausgesprochen nationale Repertoire greifen. Die pointiert nationale Klaviatur war Tribut an Volkes Stimme, denn die von Paris fadenscheinig begründete Ruhrbesetzung verschärfte die wirtschaftliche und politische Krise dramatisch. So verzeichneten die extremen Parteien einen Aufschwung, sowohl die KPD am linken als auch die Deutschvölkischen und die Nationalsozialisten am rechten Rand des politischen Spektrums. Zu den zentrifugalen Kräften gehörten eine bis zur Aufkündigung der Gefolgschaft bereite bayerische Regierung auf der einen und Koalitionen der SPD mit der antidemokratischen KPD in Sachsen und Thüringen auf der anderen Seite. Sie entwickelten sich zu Konfliktherden, die die Reichseinheit gefährdeten. Zudem schmiedete die politische Rechte Pläne für eine Diktatur, probten Separatisten im Westen die Loslösung vom Reich. Nicht weniger als fünf Reichsregierungen (zählt man das Rumpfkabinett Stresemann nach Austritt der SPD am 2. November als eine eigenständige) versuchten in den zwölf Monaten von 1923 ihr Glück. Hier war der

Die Verfassungsfeier am 11. August 1923 steht ganz im Zeichen des nahenden Endes des Kabinetts von Reichskanzler Wilhelm Cuno (bereits etwas abseits, 2. v. l.): Er tritt einen Tag später zurück; in der Mitte ein nachdenklich wirkender Reichspräsident und rechts neben ihm Reichswehrminister Otto Geßler.

Präsident im besonderen Maße gefordert, und Ebert stellte sich der Verantwortung.

In dieses Krisenjahr war das Reich mit der Regierung Cuno gegangen, die sich der Zuspitzung der außen- und innenpolitischen Lage nicht gewachsen zeigte. Lange stützte Ebert »seinen« Kanzler, der allerdings angesichts wachsender Widerstände im August zurücktrat, just in dem Moment, als man mit Fug und Recht das Reich am Abgrund wähnen konnte. Erst auf dem Höhepunkt der Krise, mit reichsweiten Teuerungskrawallen, gravierenden Nahrungsmittelengpässen und dramatischer Hochinflation, kam es zur Großen Koalition mit Gustav Stresemann (DVP) als Reichskanzler. Der Regierung gelang es im Herbst 1923 mit massiver Unterstützung Eberts, den Kollaps abzuwenden. Zunächst brach die Regierung den passiven Widerstand ab, der das Reich finanziell gänzlich zu ruinieren drohte. Ebert stemmte sich gegen ein Aufweichen der Einheitsfront und stand bis zuletzt hinter dieser staatlich finanzierten Verweigerungspolitik; aber auch er musste schließlich erkennen, dass sie nicht länger durchzuhalten war. Die Liquidierung des passiven Widerstandes war Voraussetzung für die Währungssanierung, die mit der Einführung der sogenannten Rentenmark gelingen sollte. Damit konnte die Inflation gestoppt und die wirtschaftliche Konsolidierung eingeleitet werden. Zur Bewältigung der existenziellen Staatskrise stellte der Reichspräsident der Regierung Artikel 48 zur Verfügung. Nehmen wir Eberts Umgang mit der Ausnahmebestimmung kurz in den Blick.

In seiner Amtszeit unterzeichnete er exakt 136 Verordnungen über diese Verfassungsbestimmung. Zunächst setzte der von einem starken Ordnungsdenken geleitete Reichspräsident die Befugnisse ausschließlich zur Wiederherstellung von Ruhe und Ordnung ein. Auch die Abwehr republikfeindlicher Bestrebungen und die Bekämpfung von militanten Demokratiefeinden über Artikel 48 waren verfassungsrechtlich gedeckt. Mit dem Einsatz zur Behebung der überaus dramatischen wirtschafts- und finanzpolitischen Krisensituation und zur Regelung ökonomischer Schieflagen, wie dies im Zeichen des Markverfalls und der Währungssanierung Praxis wurde, wurden die Verfassungsbestimmungen jedoch überdehnt, wodurch staatsrechtlich bedenkliche Präzedenzfälle geschaffen wurden. Regierung und Reichspräsident glaubten nur im verkürzten Verfahren über Artikel 48 der akuten, in der Hochkrise nach unmittelbaren Lösungen verlangenden Probleme Herr zu werden, was dem Reichstag durchaus Recht war, der im Sommer/Herbst 1923 zudem seine gesetzgeberischen Kompetenzen durch Ermächtigungsgesetze freiwillig an die Regierung abtrat.

Die Praxis zeigte, dass der Reichspräsident als Nothelfer mitunter weitaus vorsichtiger hantierte als die forsch operierende Regierung, wenngleich sich auch bei ihm mit der Zeit und zunehmender

Krise ein Prozess des Gewöhnens an die allzu bequeme legislative Kurzstrecke einstellte. Der erste Reichspräsident beachtete aber stets die Interessen des Reichstages. Wenn dieser zum Handeln sich entschlossen zeigte, kam für Ebert der Weg der Ersatzgesetzgebung über Artikel 48 generell nicht mehr in Frage. Wenn das Parlament aus freien Stücken über Ermächtigungen legislative Befugnisse der Regierung übertrug, so war der Reichspräsident als Nothelfer ohnehin aus dem Spiel.

Fühlte sich das Staatsoberhaupt der Demokratie verpflichtet, konnte er unter Rückgriff auf die präsidialen Rechte eine Bastion gegen die Republikfeinde sein. Lag ihm die Demokratie aber nicht am Herzen, konnte er das Amt auch gegen die Republik instrumentalisieren. In ersterem Sinne handelte Ebert, für den die parlamentarische Demokratie mit dem Reichstag als höchstem Organ unverrückbare Norm darstellte. Insofern zeigte er sich hier als ein moderner Präsident, der nicht in die Rolle des Ersatz-Monarchen schlüpfen wollte, obwohl er auf das traditionelle Instrument des kaiserlichen Belagerungszustands zurückgriff. Das aber geschah immer zur Abwehr antidemokratischer Bestrebungen und zur Überwindung der ökonomischen und finanzpolitischen Zwangslagen. Ebert agierte ganz im Sinne einer Stabilisierung der gefährdeten Republik, stets unter Wahrung und Respektierung der Rechte des Reichstages, während sein Nachfolger Paul von Hindenburg gewillt war, die Möglichkeiten von Artikel 48 in geschickter Kombination mit den weiteren präsidialen Instrumentarien wie der Reichstagsauflösung gegen das Parlament – und damit gegen die Republik – auszunutzen.

Zur Überwindung der Krise 1923 griff Ebert auf die ganze Palette seiner Rechte zurück. Nach Aufhebung des passiven Widerstandes verhängte er zunächst den Ausnahmezustand mit Reichswehrminister Otto Geßler als Inhaber der vollziehenden Gewalt. Dass nicht der sozialdemokratische Innenminister Wilhelm Sollmann mit dieser Aufgabe betraut wurde, blieb nicht ohne Widerspruch.[43] Die auch aus dem sozialdemokratischen Lager ertönende Kritik konzentrierte sich auf Eberts Ende Oktober Reichskanzler Stresemann übertragene Vollmacht, gegen die sozialdemokratisch-kommunistische Regierung in Sachsen vorzugehen, weil diese dem Reich die Gefolgschaft verweigert hatte und an den aufgestellten Milizen, den proletarischen Hundertschaften, festhielt, deren Auflösung Berlin forderte. Mit der sogenannten Reichsexekution endete ein wochenlanges Tauziehen. Gegen die Aktion des Reiches erhoben sich innerhalb der SPD, deren Minister von Stresemann, der den seit Monaten schwelenden Konflikt mit Sachsen endlich bereinigen wollte, umspielt worden waren, zum Teil massive Vorwürfe, die sich auch gegen Ebert richteten, der sich gegenüber Dresden lange in Geduld geübt hatte. Sicher – die Reichsexekution bewegte sich im Verfassungsrahmen, politisch aber erwies sie sich als Fehler, wie auch Ebert bald erkannte, der regierungsintern die Umsetzung seiner Vollmacht durch die Reichsregierung und die konkreten Maßnahmen in Sachsen kritisierte. Er hatte Stresemann ermächtigt, Mitglieder der Landesregierung abzusetzen, was nicht das komplette Kabinett meinen musste, aber konnte. Es ging ja im Wesentlichen darum, die Kommunisten aus der Regierung zu werfen, was auch Eberts eigentliches Ziel war. Denn die moskauhörige KPD hatte den Sturz der Republik im Visier, musste aber bitter erkennen, dass sie nicht über die hierfür erforderliche Massenbasis verfügte, und blies die Aktion ab. Auch wenn aufgrund von Kommunikationsfehlern nur einige hundert Kommunisten in Hamburg am 23. Oktober den Aufstand probten und der »deutsche Oktober« für die KPD in einem Debakel mündete, so lieferte die Partei doch den Beweis ihres militanten antidemokratischen Charakters.

In Anbetracht des weithin sichtbaren Kampfeswillens der KPD wäre eine Verbannung ihrer Minister in Dresden rechtlich gedeckt gewesen. Doch der vom Kanzler beauftragte Reichskommissar löste kurzerhand sogleich die gesamte Landesregierung auf. Dass Ebert Stresemann und nicht dem ebenfalls auf ein Einschreiten drängenden Geßler die Befugnis erteilte, in Sachsen vorzugehen und so den Machtdrang des Reichswehrministers beschnitt, fand in der SPD wenig Beachtung.

Auf der anderen Seite enttäuschte es den Präsidenten, dass die SPD im Zorn über das in ihren Augen überstürzte, vielleicht sogar vermeidbare Vorgehen gegen Sachsen aus der Koalition austrat. Damit zerbrach Eberts Wunschmodell nach nicht einmal drei Monaten. Innerhalb der SPD stieß es auf Unverständnis, dass gegen die gleichzeitigen antirepublikanischen Umtriebe rechtsautoritärer Kräfte im Land Bayern, dem Hort der Reaktion und nationalistischer Geheimorganisationen, nichts unternommen wurde. Die Ungleichbehandlung der beiden Brandherde Sachsen und Bayern empörte die Partei, denn auch die Münchner Regierung meinte gegen Berlin Front machen zu müssen und Forderungen des Reiches nach Rücknahme augenscheinlich doch unzulässiger Alleingänge ignorieren zu können. Zwar hatte auch Ebert ein Vorgehen gegen die Münchner Fronde gefordert, doch verweigerte sich die Reichswehrführung. Erst als Adolf Hitler am 9. November 1923 zum »Marsch auf Berlin« blies, wurde eingegriffen. Der klägliche Putsch der Hakenkreuzträger wurde schon in München von bayerischen Kräften kurzerhand vereitelt.

In dieser explosiven Situation ernannte Ebert den Chef der Heeresleitung, Hans von Seeckt, zum Inhaber der vollziehenden Gewalt, der damit diktatorische Vollmachten besaß. Das war ein gewagter Schachzug, denn der General liebäugelte mit einer Diktatur. Doch konnte er dieses Vorhaben nicht umsetzen, auch dann nicht, als Reichskanzler Stresemann das Handtuch warf. Auch die SPD trug zum Sturz des Kanzlers bei, was Ebert bis zuletzt verhindern wollte. Der Rücktritt Stresemanns wurde dank des Reichspräsidenten nicht zur Stunde Seeckts und mündete eben nicht in eine von vielen im rechten Spektrum angestrebte Diktatur. Mit der Erfahrung vom allzu schnellen Scheitern parlamentarischer Regierungen keimten in der Existenzkrise auch bei Ebert kurzzeitig Gedanken an ein bis zur Überwindung der Notlage begrenztes Direktorium. Doch verwarf er diese Planspiele bald. Seeckt jedoch wollte ohnehin mehr, ein Direktorialregime, gar ohne zeitliche Beschränkung. Wenn auch der General mit der Übertragung der vollziehenden Gewalt über eine immense Machtfülle verfügte, so war er an den Reichspräsidenten gebunden, der ihn in die Schranken wies, sobald Seeckt den von Ebert gesteckten Handlungsrahmen zur eigenen Machterweiterung zu durchbrechen drohte. Der Präsident stellte sich bei Konflikten zwischen dem General und den Ministerien stets konsequent hinter das Kabinett. In dem Machtkampf mit Seeckt behielt letztlich Ebert die Oberhand, der dann zum 1. März 1924 den militärischen Ausnahmezustand, gegen Stimmen aus der Regierung, aufhob, der sich als wirksames Mittel in der Staatskrise bewährt hatte, nunmehr aber überflüssig war. Für Ebert war die Zeit für die Rückkehr in die verfassungsmäßige Normalität längstens reif. Dies erwies sich als eine der entscheidenden Voraussetzungen für die dann 1924 einsetzende relative innenpolitische Stabilisierung.

Eberts letztes Amtsjahr war geprägt von einer Entspannung auf der politischen Bühne. Für den Reichspräsidenten war dies eine Zeit, in der er nicht mehr so einschneidende Entscheidungen wie 1923 zu fällen hatte. In einem wieder voll funktionstüchtigen parlamentarischen System schwand sein Gewicht. Als völkerrechtlicher Vertreter trat er im Zusammenhang mit der Londoner Konferenz und der Annahme des Dawes-Plans in Erscheinung, der Deutschland wesentliche reparationspolitische Erleichterungen bescherte. Das Paket wurde auf der Londoner Konferenz im August 1924 geschnürt. Ebert vergatterte vor der Abreise Reichskanzler Marx, nichts ohne seine Zustimmung abzuschließen. In Berlin tat er alles, um die Delegation zu stützen, die sich um Absicherung ihrer Strategie beim Reichspräsidenten bemühte, der nach der Unterzeichnung der Abkommen über die Durchführung des Dawes-Plans alles daransetzte, im Reichstag eine Mehrheit für die damit zusammenhängenden Gesetze zustande zu bringen. Da das zur Annahme des Reparationsabkommens notwendige Reichsbahngesetz verfassungsändernden Charakter besaß, benötigte es eine qualifizierte Zweidrittelmehrheit, die nur mit Stimmen aus der konservativen DNVP-Fraktion zu erreichen war. Das gelang. Eigentlich konnte Ebert, der entscheidend zur Überwindung der Krise beigetragen hatte, nunmehr recht zuversichtlich der für das Frühjahr 1925 anstehenden Volkswahl des Reichspräsidenten entgegensehen. Doch während sich die Republik in ruhigem Fahrwasser bewegte, geriet der Präsident in den Sturm der Diffamierung.

5. Der Präsident und seine Partei

Die Rettung der Republik gelang nur unter Aufbringung der gesamten präsidialen Macht. Hier erreichten die Spannungen zwischen Friedrich Ebert und seiner Partei ihren Höhepunkt. Wie für den Herbst 1923, so liegen insgesamt nur wenige Dokumente vor, die Auskunft geben über eine offensive Rechtfertigung seiner Maßnahmen vor den Spitzengremien. Die Verbindungen vom Präsidentenpalais zur sozialdemokratischen Zentrale blieben, auch basierend auf langjährigen Freundschaften, stets erhalten. Im Sachsenkonflikt allerdings haperte es in der Kooperation. Fühlte Ebert sich vom Vorstand missverstanden oder gar von einer Führungspersönlichkeit der SPD angegriffen, die »steigenden Schwierigkeiten« seiner Position nicht hinreichend gewürdigt, so suchte er das klärende Gespräch, lehnte aber eine »öffentliche Erörterung« dieser Divergenzen als parteischädigend ab.[44] Es ergaben sich nur wenige Gelegenheiten, um vor Funktionären der SPD seine Politik zu verteidigen und Verständnis für seine schwierige Position im Verfassungsspiel einzufordern.

Direkt vor Sozialdemokraten trat er nur noch wenig auf. Er folgte, soweit es ihm die dicht gefüllten Programme auf seinen Reisen erlaubten, den Einladungen von lokalen sozialdemokratischen Vereinen, die ihren »Genossen Ebert« auch persönlich einmal kennen lernen wollten, wie es die Kieler Parteiorganisation 1922 formulierte.[45] Seine Rede vor den Sozialdemokraten im Holsteinischen war insofern eine Ausnahme, als er dezidiert die Errungenschaften der Revolution herausstrich und aufforderte, auf das Erreichte stolz zu sein und selbstbewusst in die Zukunft zu blicken.

> Wir haben die Demokratie zum Siege geführt, wir haben die Republik zum Siege geführt und tragen sie heute. Das ist ein Erfolg, dessen müssen wir uns alle täglich und stündlich bewusst sein. [...] was für ein gewaltiger und riesiger Erfolg es für uns in den Tagen war, einen neuen Staat zu zimmern, die Demokratie unserer alten Ideale. Die Republik zum Siege zu führen, sie zu festigen, zu verankern, das ist unsere historische Mission.
> *Rede vor Sozialdemokraten in Kiel, 4. September 1922*

Im neuen Transportmittel: in einer Junkers F 13, dem ersten Ganzmetallflugzeug der zivilen Luftfahrt, von Berlin zur Einweihung des Flughafens Leipzig-Mockau am 7. März 1923.

Der kämpferische Ebert der Vorkriegssozialdemokratie war so nur noch ganz selten vor den Genossen zu hören. Nur bei wenigen Gelegenheiten konnte er das Vertrauen seiner »alten Kameraden« direkt einfordern und zu erklären versuchen, dass er in »staatlicher Verantwortung« den »staatlichen Notwendigkeiten« Rechnung tragen müsse, auch auf die Gefahr hin, dass nicht alle in der SPD die aus dieser Verpflichtung heraus gefällten Entscheidungen »in den ersten Stunden und Tagen« nachvollziehen konnten.[46] Der Reichspräsident war eben nicht mehr der Parteipolitiker; Ebert verstand sich seit dem Februar 1919 auch nicht mehr als ein solcher, bei aller Treue zum erworbenen sozialdemokratischen Wertekanon.

Die Beziehungen zur eigenen Partei veränderten sich augenfällig nach der Wiedervereinigung von SPD und USPD, die Ebert lange für eine unberechenbare, zwischen Rätediktatur und Demokratie hin und her schwankende Partei hielt. Das Urteil entsprang den nachhaltigen Erfahrungen der Revolutionszeit. Mit dieser Einschätzung lag er wohl richtig, zumindest bis zur Spaltung der USPD, deren linker Flügel im Dezember 1920 mit der moskauhörigen

KPD fusionierte. Nach dieser innerparteilichen Scheidung scheint wohl auch Ebert die Wiedervereinigung von SPD und Rest-USPD protegiert zu haben, wenngleich der im September 1922 vollzogene Zusammenschluss für ihn eine Veränderung in den persönlichen Beziehungen zur Parteiführung nach sich ziehen musste. Denn nun kehrten auch Kräfte in den Schoß der alten Partei zurück, die noch geraume Zeit zuvor die »Regierungssozialisten«, also auch ihn, scharf attackiert hatten. Und auch in der Rest-USPD saßen linkssozialistische Kräfte, die mit einer Reform- und Koalitionspolitik, wie sie Ebert anstrebte, wenig gemein hatten. Das Bild seiner Partei veränderte sich im Herbst 1922. Es war nicht mehr die Partei, aus der er 1919 auf den Posten des Reichspräsidenten gewechselt war. Sein Einfluss in der nun wiedervereinigten Sozialdemokratie schwand; und seine auf Große Koalition ausgerichtete Politik verlor an Boden. Als Ebert im Juni 1923 gegenüber seinem Parteifreund Adolf Müller, dem deutschen Gesandten in der Schweiz, meinte, die Vereinigung liege der SPD »ziemlich schwer im Magen«[47], so kennzeichnete das sicher auch ein wenig eigenes Unwohlsein über die Folgen des Zusammenschlusses.

Auch schon zuvor war es zwischen Präsidentenpalais und Parteizentrale zu Unstimmigkeiten gekommen. Ebert kritisierte den Rückzug in die Opposition als zu leichtfertig, auf der anderen Seite erschien der SPD das Verhalten des Reichspräsidenten gegenüber den Militärs als zu nachgiebig. Mit der Zeit wuchsen die Konflikte, denn in dem Moment, als die SPD nicht mehr an der Regierung beteiligt war, ergaben sich allein schon aus der Stellung des Reichspräsidenten im Verfassungsgeflecht und aufgrund Eberts überparteilicher Amtsauffassung fast zwangsläufig Dissonanzen. Der sozialdemokratische Reichspräsident stand – so formulierte es das Parteiorgan »Vorwärts« bereits 1920 – »dauernd in einem Gewissenskonflikt: Entweder lediglich als Parteimann oder als neutraler, über den Parteien stehender Reichsvertreter zu wirken«.[48] Mochte im bürgerlich-republikanischen Lager anerkannt werden, dass er doch parteipolitische Rücksichten abgelegt hatte, so fühlte Ebert sich natürlich nach wie vor seiner Partei und ihren Idealen verpflichtet. Und für die Parteispitze war und blieb er »einer der unseren«, wie das der Parteivorsitzende Hermann Müller auf dem Parteitag 1920 ausdrückte.[49] Dass Parteiinteresse und staatspolitische Notwendigkeiten nicht immer deckungsgleich sein konnten, war ein schmerzlicher Erfahrungsprozess für die im parlamentarisch-demokratischen Spiel mit dem Zwang zum Kompromiss ungeübten Sozialdemokraten, die aus dem Oppositionskokon der Vorkriegszeit schlüpfen mussten.

Mehr als seine Partei war Ebert sich bewusst, dass es einem Quantensprung gleichkam, den Schritt von der reinen Oppositionspartei der Kaiserzeit zur Staatspartei in der Republik zu vollführen. Er hatte das verinnerlicht. Die Partei aber tat sich schwer mit diesem Rollenwechsel. Ebert mochte die Beweggründe für den Gang in die Opposition 1920 nachvollziehen; aus staatspolitischer Warte aber konnte er das nicht gutheißen. Die »Spannung zwischen Oppositionstradition und Regierungsverantwortung« belastete die Partei, die zunächst wenig Verständnis dafür aufbrachte, dass ihre in staatlicher Verantwortung stehenden Genossen, allen voran Ebert, nunmehr nicht mehr allein partikulare Interessen, sondern das Wohl des Ganzen im Blick haben mussten.[50] Das galt insbesondere für den ersten Mann im Staate.

Friedrich Ebert selbst registrierte die sich allein aus dem Amt ergebenden Disharmonien zwischen ihm und der Sozialdemokratie mit einiger Bitterkeit. 1923 beklagte er sich bei Adolf Müller: »Unsere Partei gibt leider nur zu oft Anlass zur Besorgnis. […] Ich stehe nun fast 5 Jahre sozusagen außerhalb der Partei. Wenn ich mich auch bestrebe, nach Möglichkeit gute Fühlung mit der Führung zu halten und dort volles Verständnis und beste Kameradschaft finde, so laufen die Dinge doch vielfach recht unangenehm.«[51]

Die Dinge verliefen in der Tat mitunter »unangenehm«, und zwar bereits bevor das Verhältnis im Herbst 1923 mit der Reichsexekution gegen Sachsen extrem belastet wurde. In der Preisgabe der Macht durch Sprengung der Großen Koalition am 2. November und in der Beteiligung der SPD am Fall Stresemanns drei Wochen später erblickte Ebert mit Weitsicht einen schweren Fehler, wie überliefert ist: So hielt er der Partei wohl vor, sie würde die Folgen dieser »Dummheit« noch Jahre spüren, während die Gründe für den Kanzlersturz in wenigen Wochen einfach vergessen seien.[52] Tatsächlich verabschiedete sich die SPD für gut viereinhalb Jahre von den Regierungsbänken, bis zur Bildung einer neuen Großen Koalition unter Reichskanzler Hermann Müller im Juni 1928. Ebert unterschätzte allerdings die Belastung, die es für die SPD bedeutet hätte, die von Volksparteilern geführte Minderheitsregierung zu stützen oder gar weiterhin mit der DVP am Regierungstisch zu sitzen, die sich anschickte, das Rad der Geschichte zurückzudrehen und revolutionäre Errungenschaften wie den Achtstundentag rückgängig zu machen.

Die Beziehungen zwischen dem Präsidenten und seiner Partei kühlten in der Staatskrise merklich ab. Darüber konnte auch der demonstrative Schutzkordon, den die SPD-Spitze auf dem Berliner Parteitag im Juni 1924 bildete, nicht hinwegtäuschen, als sie von einigen unteren Parteigliederungen eingebrachte Anträge, den ehemaligen Vorsitzenden wegen seiner Einwilligung zum Vorgehen gegen die Dresdner SPD/KPD-Regierung aus der Sozialdemokratie zu verbannen, gar nicht erst zur Abstimmung zuließ. Es war gerade Philipp Scheidemann, einst enger Weggefährte, mittlerweile aber ein innerparteilicher Kritiker Eberts, der den Reichspräsidenten vor den Angriffen in Schutz nahm. Damit setzte die Parteiführung ein Signal der Solidarität. Jedoch wurde Ebert nach Jahrzehnten der Mitgliedschaft aus der Sattlergewerkschaft ausgeschlossen, was der Verband, wohl getrieben vom schlechten Gewissen, nach Eberts Tod als nicht geschehen betrachtete.

Eine Lanze für Ebert brach der bis zum November 1923 amtierende Justizminister Gustav Radbruch (SPD), der in Replik der Kritik aus dem eigenen Lager Wesen und Auftrag des Staatsoberhaupts im Vergleich zum Parteiführer präzise umriss: »Das Bild des sozialistischen Staatsmannes ist ein anderes als das uns gewohnte Bild des sozialistischen Parteiführers. Der Parteipolitiker muss einen unerschütterlichen Glauben an die eigene Parteiideologie haben, sonst ist er ein Scharlatan, ein Demagoge, ein Volksbetrüger. Der Staatsmann aber muss etwas anderes haben. Neben dem festen Glauben an die eigene Parteiideologie muss er auch die Möglichkeit zum Zweifel und zur Umstellung, muss er die Möglichkeit haben, sich in jedem Augenblick durch Erfahrung belehren zu lassen. Er muss die Fähigkeit haben, ein Prinzip über Bord zu werfen, wenn es die Idee dieses Staates fordert.«[53] Das war eine Analyse, der Ebert ausdrücklich zustimmte. Der Präsident handelte ganz im Sinne des großen sozialdemokratischen Staatsrechtslehrers.

6. Werbeträger der Republik und der Einheit

Den auch von Ebert immer wieder beklagten, ihn persönlich bedrückenden Querelen zwischen ihm und seiner Partei stand eine bis weit ins bürgerliche Lager reichende, stetig steigende Achtung gegenüber, wie sie der Dichter Thomas Mann im Herbst 1922 in stilvolle Worte fasste: »[...] der Vater Ebert zum Beispiel ist mir bekannt. Ein grundangenehmer Mann, bescheiden-würdig, nicht ohne Schalkheit, gelassen und menschlich fest. In seinem schwarzen Röcklein sah ich ihn ein paar Mal, das begabte und unwahrscheinlich hoch verschlagene Glückskind, ein Bürger unter Bürgern, bei Festlichkeiten ruhig-freundlich sein hohes Amt darstellen [...], so gewann ich die Einsicht, für die ich Teilnehmer werben möchte, dass Demokratie etwas Deutscheres sein kann als imperiale Gala-Oper.«[54] Mit der Einschätzung, dass Eberts Handeln »Werbung für die Republik« sei, dürfte der Nobelpreisträger für Literatur des Jahres 1929 die Meinung der Mehrheit in der demokratischen Mitte der Gesellschaft getroffen haben. Diese Anerkennung hatte sich Ebert durch seine überparteiliche Amtsführung und seine Bemühungen um Abbau der politischen Schranken erworben. Auch seine Frau trug durch ihr unprätentiöses Auftreten bei den Repräsentationspflichten zu einem positiven Urteil bei vielen in der gesellschaftlichen Mitte bei, die auch ihr als ehemaliger Hilfsarbeiterin mit Vorbehalten gegenübertraten.

Wenngleich sich Ebert bei Teilen des bürgerlich-demokratischen Lagers Akzeptanz und Respekt erwarb, so erlangte er keine überwiegend positive Popularität. Für Konservative und Monarchisten blieb er nichts weiter als ein auf den Thron verirrter Sattler. Bei ihnen blieben die Standesdünkel gegenüber dem ins höchste Staatsamt aufgerückten Handwerker, einem Vertreter der im Kaiserreich verfemten Sozialdemokratie. Andererseits zielte die künstlerische Avantgarde (oder die, die sich dafür hielten) auf Ebert, den intellektuelle Kritiker aus dem linken Milieu wie Kurt Tucholsky mit spitzer Feder zum Oberbürokraten und blutleeren Papiermenschen, zum Arbeiterverräter und Bonzen stempelten. In die gleiche Kerbe schlug der vom Monarchisten zum Sozialisten geläuterte Publizist Maximilian Harden: Für ihn war »Friderico Ebert« ein Mann von spießbürgerlicher Armseligkeit, ein »Mundrevolutionär« und »Überpatriot«, ein »Sozialdemokrat des Durchschnittwuchses«, unwürdig und unfähig, das höchste Staatsamt zu bekleiden.[55] Diese sprachlich brillanten Pfeile galten dem Staatsoberhaupt, trafen aber zentral auch die Republik und erwiesen damit der jungen Demokratie einen Bärendienst, indem sie ihr Ansehen beschädigten.

Dennoch ließ sich der Reichspräsident nicht beirren, warb für die Demokratie und für Einheit und Einigkeit. Seine Vorstellung der Gesellschaft ging in Richtung einer homogenen Volksgemeinschaft. Das hatte nun wahrlich nichts gemein mit dem autoritären und rassisch-nationalistisch aufgeladenen Topos der Nationalsozialisten. Ebert verstand unter diesem Postulat eine Gemeinschaft über trennende politische Anschauungen hinweg, geprägt von Gleichheit, Freiheit, Einheit und Einigkeit. Er forderte die Zurückstellung der Gruppeninteressen zugunsten des Allgemeinen ein, rückte stets das Gemeinwohl in den Fokus, um so die durch den Krieg vergrößerte innere gesellschaftliche Zerrissenheit zu überwinden. Da in der Krise der Einzelne »auf Gedeih und Verderb« mit Volk und Staat verbunden sei, habe er sich in den Dienst der Volksgemeinschaft zu stellen.[56]

> Die heutige Zeit zeigt mehr wie je, wie eng der einzelne Mensch mit Volk und Staat auf Gedeih und Verderb verbunden ist. Möge jeder Deutsche, seiner Pflichten und Verantwortung bewusst, seine Arbeit in den Dienst der Volksgemeinschaft stellen; dann werden Kräfte lebendig, die Höchstes leisten und Schönstes erhoffen lassen.
> *In einem Zeitungsbeitrag, 26. Dezember 1922*

Die Idee der Volksgemeinschaft, in Zeiten von Kriegsniederlage und Friedensvertrag ein fester Bestandteil des allgemeinen republikanischen Vokabulars, reflektierte wenig die Interessengegensätze zwischen Kapital und Arbeit und die Kluft zwischen Proletariat und Bürgertum und bildete eben nicht die harte Wirklichkeit von Weimar ab. Ebert konnte nicht so vermessen sein und die klassenübergreifende Volksgemeinschaft in Anbetracht der gesellschaftlichen Zerklüftung für unmittelbar realisierbar halten. Aber der Reichspräsident durfte ruhig die Vision von einer auf gemeinsamen demokratischen Werten beruhenden Gesellschaft entwickeln, ja er war nachgerade dazu verpflichtet. Schon fast gebetsmühlenartig beschwor er die Solidarität, das Einstehen für das Gemeinsame, für das große Ganze, die Unterordnung der Interessen der Partei unter die der Nation. »Stellen Sie alles Trennende [...] angesichts des großen gemeinsamen Zieles zurück«, rief er den Breslauern im Oktober 1919 zu.[57] Er wollte die politischen und wirtschaftlichen Kräfte zusammenführen, nicht nur zur Überwindung der andauernden, die Innenpolitik in höchstem Grade beeinträchtigenden außenpolitischen Belastungen. Es ging ihm darum, so schrieb er im Oktober 1922, die »Gegensätze auszugleichen und das Gefühl der Zusammengehörigkeit aller Schichten unseres Vaterlandes zu stärken«.[58] Sein Osterbrief an die Nationalversammlung 1919 mahnte: »Lasst ab von der Selbstzerfleischung, überwindet Euch.«[59] Solche Appelle durchzogen seine gesamte Amtszeit.

Unter der Zielrichtung, den Kontakt mit allen gesellschaftlichen und wirtschaftlichen Kräften zu halten und sie auf den Dienst am Ganzen einzuschwören, stand seine Anwesenheit beim Stapellauf der »Carl Legien« im Mai 1922 in Wilhelmshaven, ein auch in den Reihen der SPD kritisierter Auftritt, gehörte der nach dem verstorbenen sozialistischen Gewerkschaftsführer benannte Dampfer doch dem Industriemagnaten Hugo Stinnes, für die Arbeiterbewegung das Sinnbild des knechtenden Kapitalisten. Für Ebert, der in seinem Amtsverständnis ein Präsident aller Deutschen sein wollte und der DVP und SPD gemeinsam in die Regierung zu bringen hoffte, war es als Repräsentant des Reiches eine Selbstverständ-

Besuch in Wilhelmshaven am 20. Mai 1922 zum Stapellauf der »Carl Legien«; v. l.: Reichswehrminister Otto Geßler, der Chef der Marineleitung Admiral Paul Behncke (mit der Hand an der Mütze), Friedrich Ebert und (neben ihm vorn) Korvettenkapitän Hasso von Bredow, Kommandeur der Küstenwehrabteilung II.

lichkeit, der Einladung von Stinnes, immerhin auch Reichstagsabgeordneter der Volkspartei, zu folgen, zumal die Namensgebung auch eine Ehrung für den großen Gewerkschaftsführer war. So erklärte er in Wilhelmshaven Legien als Architekten der Zentralarbeitsgemeinschaft vom November 1918 zum »Symbol der Zusammenfassung aller schaffenden Kräfte unseres Wirtschaftslebens« und auch der »Pflichttreue und Schaffensfreude im Dienste der Volksgemeinschaft«.[60] Damit warb er sogleich für die Sozialpartnerschaft.

Bei allen redlichen Bemühungen um die Einheit konnte Ebert aber auch konsequent reagieren: Als der Reichsverband der Industrie bei einer Zusammenkunft im Januar 1920 der Regierung einseitige Interessenpolitik unterstellte und über neue Arbeiterrechte als Eingriffe in die Unternehmerfreiheit lamentierte, verteidigte er die Interessen der Arbeiterschaft und konterte das Wehklagen der Industriekapitäne schroff mit der Mahnung, sich auf das Neue einzustellen und »Maßnahmen, die dem Wandel der Zeiten und dem neuen Geist sozialer Fortentwicklung [...] entsprechen, freiwillig auf sich zu nehmen, statt sich bis zuletzt dagegen zu wehren und sie sich erst aufzwingen zu lassen«.[61] Und erneut appellierte er an die Zusammenarbeit von Arbeitnehmern und Unternehmern.

Zusammenführen wollte Ebert auch die Interessen des Zentralstaates und seiner Glieder; es ging ihm um ein gedeihliches Miteinander von Reich und Ländern. In den Wochen nach dem Novemberumsturz vermied er tunlichst eine Diskussion um die Neugliederung der Länder, wobei zuvorderst die Kleinstaaterei beseitigt und die erdrückende Dominanz des übermächtigen Preußen gebrochen werden sollten. Er wollte das heiße Eisen nicht anfassen, um nicht zentrifugalen Kräften in den Ländern und separatistischen Abenteurern in die Hände zu spielen; so blieb die territoriale Frage ungelöst. In der Übergangsphase vom Kaiserreich zur Republik wandelte er sich von einem Zentralisten zu einem Föderalisten der Vernunft. Als der Entwurf der Reichsverfassung aus der Feder des liberalen Hugo Preuß im Kreis der Ländervertreter wegen zentralistischer Tendenzen auf Kritik stieß, glättete Ebert die Wogen mit der Versicherung, die Regierung hege nicht die Absicht, »die Bundesstaaten zu vergewaltigen«.[62] Doch dürfe von Seiten der Länder der Bogen nicht überspannt werden. So zeigte sich Ebert über die auf ihr Drängen bei der Beratung des Gesetzes über die vorläufige Reichsgewalt vom 10. Februar 1919, der provisorischen Verfassung, vorgenommenen Änderungen in Richtung einer föderalen Stärkung wenig erbaut. Hier ging das Reich seiner Meinung nach bis zum Äußersten, was den Ländern an Mitbestimmung zugesichert werden könne.

Als Staatsoberhaupt verstand sich Ebert als Anwalt der Gliedstaaten. Seine erste Tour durch die Lande nach seiner Vereidigung führte ihn im August/September 1919 in den Süden. Das machte Sinn, denn zum einen hatten Bayern, Württemberg und Sachsen durch die Reichsverfassung die Hoheit über ihre militärischen Kontingente verloren, die in der künftigen Reichswehr aufgehen

Erste Station der ersten Länderreise: Friedrich Ebert und Reichswehrminister Gustav Noske (3. v. l.) bei der Übernahme des bayerischen Heeres in die Reichswehr am 25. August 1919 in München.

sollten, zum anderen zeigten sich dort die gegen Berlin gerichteten Ressentiments am hartnäckigsten. Die Länder im Süden fühlten sich durch die neue Verfassung in ein zentralistisches Korsett gezwängt und prangerten die in »reichster Blüte« stehende Sucht an, »alles in Spreeathen zusammenzufassen«, wie selbst die sozialdemokratische »Münchner Post« in diesen Tagen meinte feststellen zu müssen.[63] So sah sich Ebert bei dieser ersten Reise mit Kritik an den unitaristischen Tendenzen konfrontiert.

Der Aufenthalt im Süden entwickelte sich beileibe nicht zu einem Heimspiel für den Kurpfälzer, mochte er auch stets betonen, als »Süddeutscher von ganzem Herzen« Verständnis für den »Eigenwillen« seiner süddeutschen Landsleute aufzubringen. Ausgerechnet sein Parteifreund Hugo Lindemann, der sozialdemokratische Innenminister Württembergs, scheute sich nicht, den Reichspräsidenten mit harschem Tadel an der Verfassung zu konfrontieren, wenn er von einer doktrinären Einengung der einzelstaatlichen Interessen und von »zentralistischer Gleichmacherei« sprach.[64] Ebert stellte sich den Vorwürfen, warb unaufgeregt um Einsicht, dass man wegen der katastrophalen Lage infolge des Krieges gezwungen gewesen sei, Politikfelder zu zentralisieren: »Die Vereinheitlichung des Reiches und die Wahrung der Stammeseigenschaften in unseren deutschen Gauen sind an sich keine Gegensätze. Sie lassen sich sehr wohl vereinigen.«[65] Da klang viel an Verständnis für die Sorgen der Länder an. Für ihn war es kein rhetorischer Spagat, gleichzeitig einer Stärkung der Zentralmacht das Wort zu reden. Einheit in der Vielfalt war die Kunde. Und schon auf seiner ersten Reise trat Ebert nicht als Mann des Zentralstaates auf, wie es von einem in Berlin wirkenden Sozialdemokraten erwartet werden konnte. Er präsentierte sich als Werber für die Einheit, als ein um Ausgleich bemühtes Staatsoberhaupt, versicherte den Ländern, dass die Reichsregierung nun nicht danach trachte, die Länder »in eine Art spanischen Stiefel einzuschnüren«, wie er das beim Antrittsbesuch in Dresden in bildhafte Worte kleidete.[66] In der neuen Republik dürfe es aber auch keinen »schädlichen Partikularismus auf Kosten des großen Ganzen« mehr geben.[67]

Wie bei seiner ersten Staffel von Reisen durch die süddeutschen Länder, der allerdings keine zweite durch die restlichen folgte, gab sich Ebert bei all seinen öffentlichen Auftritten betont zurückhaltend. Gerade auf diesem Feld drückte der Stil seines Vorgängers. Die Repräsentation war für Ebert, als er das höchste Staatsamt antrat, ein doch nahezu unbekanntes Terrain. Einen traditionellen Vorschuss, wie ihn der Kaiser in die Wiege gelegt bekommen hatte, besaß das erste republikanische Staatsoberhaupt nicht. Er konnte kein symbolisches, in Amt oder Geburt begründetes und auch kein durch weithin anerkannte Leistungen erworbenes politisches Kapital vorweisen; ihm fehlte eine außerhalb des Amtes geschöpfte Legitimationsquelle für politische Autorität. Der aus einfachen Verhältnissen stammende Handwerker verfügte auch über keinen Führernimbus wie sein Nachfolger Hindenburg, der trotz der Kriegsniederlage sein militärisches Charisma als genialer Feldherr, als Held der Tannenberg-Schlacht von 1914, über den Systembruch hinweg in die Republik transferieren konnte.

Ebert, das unbekannte Staatsoberhaupt, musste zunächst seinem Volk nähergebracht werden. Gerade weil die Republik so arm an repräsentativen und symbolträchtigen Ereignissen war, filterte der Bürger von Weimar sein Bild von Staat und Regierung, auch des Reichspräsidenten als *der* Symbolfigur der Republik, im Wesentlichen aus der Presse. Der Markt der Massenmedien wurde jedoch von Ebert und seinem kleinen Beraterstab nicht offensiv genutzt. Sie entwickelten keine systematische Strategie der öffentlichen Darstellung. Einen Hoffotografen oder einen Hausberichterstatter, die ihn geschickt in Szene setzten, hatte Ebert nicht zur Hand.

Wie die Mehrzahl der Politiker in den Anfangsjahren der Republik betrachteten auch Ebert und sein Büro die Fotografie kaum als zentralen Kommunikationsstrang zur Personalisierung und Popularisierung von Politik. So wirkte der medial wenig präparierte Ebert auf den veröffentlichten Fotos zumeist spröde. Die Ablichtungen strahlten keine natürliche Ungezwungenheit aus, vermittelten auch nur selten volkstümliche Nähe. Ebenso wenig in die Werbestrategie einbezogen wurde der Film, den der letzte Kaiser zur Konservierung seines »Bildes« so ausgiebig zu nutzen gewusst hatte. Es gab zwar einige zaghafte Versuche staatlicher Stellen, Ebert bei öffentlichen Auftritten auf Zelluloid bannen zu lassen. Doch sind nur wenige Filmsequenzen überliefert – kaum mehr als ein paar Sekunden. Noch keine Rolle spielte der Rundfunk, der sich erst ab 1923 allmählich zum wichtigsten Massenkommunikationsmittel entwickelte. Der erste Präsident hat sich dieses Mediums nicht mehr bedienen können.

Ebert scheint die Wirkungsmacht von Repräsentation zu gering eingeschätzt zu haben. Er war nicht wie zuvor Wilhelm II. und später Hindenburg intensiv darum bemüht, sich so zu posieren, wie er sich für Zeitgenossen und Nachwelt festgehalten wissen wollte. Ihm fehlte der Hang zur Selbstdarstellung. Er war kein Meister der Selbstinszenierung, kein Mann, der die Erwartung der Bevölkerung nach steter Präsenz des Staatsoberhaupts befriedigen konnte, ja auch gar nicht befriedigen wollte. Zu einer Medienikone wurde er nicht: Er blieb gefangen im Turm des sozialdemokratischen Verständnisses von einfach gehaltener Repräsentation in der Republik. Die vom Glauben an die Macht der Vernunft beseelten Sozialdemokraten verschmähten jeglichen »Führerkult« und fürchteten eine Duplizierung überwundenen monarchischen Gepränges, verkannten dabei den systemstabilisierenden Effekt einer Popularisierung der politischen Elite auch im demokratischen Staat.

Der Systemwechsel zu einer neuen Regierungsform, die von Teilen der Bevölkerung abgelehnt, von einigen sogar aktiv bekämpft wurde, machte es für Ebert schwierig, eine eigene Form der Repräsentation zu entwickeln. Auf den breit ausgetretenen Pfaden Wilhelms II. konnte und durfte der erste Mann der Republik nicht wandeln. Es war kein leichtes Unterfangen, in einer Gesellschaft, die bislang die pompösen Auftritte fürstlicher und kaiserlicher Hoheiten bejubelt hatte, nun einen betont sachlichen, jeden Persönlichkeitskult vermeidenden Repräsentationsstil zu pflegen. Die säbelrasselnden Inszenierungen Wilhelms II. konnten nicht Orientierungsmarke für Ebert sein, auch wenn die Bevölkerung in der Sehnsucht nach kaiserlichem Prunk diese als Messlatte anlegte. Der linksliberale Kasseler Oberbürgermeister Erich Koch-Weser, durchaus dem Republikanismus nicht abhold, notierte im Februar 1919 in sein Tagebuch, der Auftritt des frisch gewählten Reichspräsidenten sei »ein lächerlicher und kleinlicher Abklatsch« dessen gewesen, was »Wilhelm II. in seiner Umgebung an repräsentativer Verherrlichung aufzubringen wusste«.[68] Und wenn die republikfeindliche Presse den Hauch von symbolischem Gehabe witterte – etwa als Ebert im Wagen durch ein Spalier von Fackelträgern fuhr –, geiferte sie und schrieb von höfischer Huldigung: »Glauben die übereifrigen Arrangeure der Wilhelmstraße wirklich, mit solchem Getue moralische Eroberungen für das neue Deutschland zu machen?«[69]

Ebert musste sich, wenn er nicht in den Verdacht geraten wollte, Wilhelm-Plagiator zu sein, scharf von seinem Vorgänger abheben. Er verfiel in eine allzu nüchterne Repräsentation. Der »öffentliche« Reichspräsident war nicht der impulsive, humorvolle und ironisierende Ebert, der er im kleinen vertrauten Kreis sein konnte. Er war nicht mehr der wortgewandte, die Anhängerschaft in den Bann ziehende sozialdemokratische Funktionär aus der Vorkriegszeit. Bis auf wenige Stehgreifreden basierten seine Ansprachen als Präsident in der Mehrheit auf ausgefeilten Manuskripten. In die ihm vorgelegten Entwürfe griff Ebert mitunter massiv ein und veränderte sie in seinem Sinne. Er reduzierte sich nicht zum Vorleser der von anderen verfassten Papiere. Seine Reden waren getragen von Rechtschaffenheit und Nüchternheit. Der Reichspräsident war insgesamt eben kein »Raketen abbrennender Plauderer, kein Präger geflügelter Worte, auch kein Meister der geschliffenen Rede wie Scheidemann«, wie schon 1922 ein Parteifreund in einem Artikel resümierte.[70] Seine rhetorischen Fähigkeiten der Vorkriegszeit ließ der Staatsmann nur noch selten aufblitzen. Stimmung zu entfachen, Jubel durch Gestik und Mimik herauszufordern, sich als volksnah zu präsentieren oder gar das »Bad in der Menge« zu suchen, lag ihm von seinem Naturell und seinem politischen Selbstverständnis her fern. Das war nicht seine Art. Eine Aura umgab ihn nicht. So entstand kein emotional gestiftetes Verhältnis zwischen Volk und Staatsoberhaupt, keine soziale Beziehung zwischen Herrscher und Beherrschten.

Ebert versah sein Amt ohne Pose und Pathos, ohne brennende Reden und ohne nachhaltige symbolische Akte. Insgesamt war es, so schrieb Thomas Mann nach Eberts Tod, eine »klug zurückhaltende Repräsentation«.[71] Legte er sich nicht zu viel Reserve auf? Vielleicht aber hatte Radbruch aus der Distanz doch Recht, wenn er 1951 meinte, dass nur eine »solche nüchterne und glanzlose, völlig unballadeske und unpittoreske Politik« Deutschland durch die Zeit nach 1918 hatte retten können.[72] Das bleibt Hypothese.

Fakt dagegen ist, dass Ebert sich zurückhaltend in der Öffentlichkeit zeigte. Wert legte er jedoch auf Präsenz bei wirtschaftlichen Ereignissen wie den Frankfurter und Leipziger Messen, fungierte

Besuch der Dreharbeiten zum Ufa-Stummfilm »Anna Boleyn« mit den Filmstars Henny Porten als Anna Boleyn und Emil Jannings als König Heinrich VIII., oben Mitte der Regisseur Ernst Lubitsch.

als Promoter der Wirtschaft, hing doch Deutschlands Gesundung von der ökonomischen Rekonstruktion ab. Sein Besuch der Dreharbeiten zum Stummfilm »Anna Boleyn« im September 1920 stand unter dem Zweck einer Förderung der deutschen Filmindustrie, auch und gerade für den Export. Und er unternahm auch sporadische Versuche, Politik und Kunst im Dienste der Republik miteinander ins Gespräch zu bringen. Eine besondere Beziehung entwickelte sich zum Dichter Gerhart Hauptmann. Zwischen dem obersten Repräsentanten der Republik und dem literarischen Repräsentanten des deutschen Geistes, dem Schöpfer der »Weber«, entstand ein von Wertschätzung geprägtes Verhältnis. So sah Ebert in dem Nobelpreisträger von 1912 *den* großen lebenden Dichter der Republik und unterstützte die Hauptmann-Festspiele 1922 in Breslau, der schlesischen Heimat des Dichters, die er mit seiner Anwesenheit aufwertete.

Doch insgesamt tourte Ebert recht wenig durch die Lande. 1921 verließ er nur ein einziges Mal in offizieller Mission die Hauptstadt. Und auch das war nicht geplant: Er wohnte im September in Ludwigshafen der Trauerfeier für die Hunderte von Opfern eines schweren Explosionsunglücks bei den Oppauer BASF-Werken bei. Ganz wesentlich dürften ehrverletzende Diffamierungen, die auf ihn niederprasselten, dazu beigetragen haben, dass er nur spärlich öffentlich auftrat. Eberts Besuch der bayerischen Landeshauptstadt im Juni 1922 war Gipfel der zahlreichen Negativerlebnisse, als er frostig empfangen wurde und es zu Pöbeleien unflätigster Art kam. Hier nahm der spätere Magdeburger Prozess seinen Ausgang. München wurde zum Signum. So rief die Sozialdemokratie von Bremen wenige Monate später im Vorfeld von Eberts Besuch ihre Mitglieder auf, dem ehemaligen Parteiführer in der Hansestadt einen herzlichen Empfang an seiner alten Wirkungsstätte zu bereiten: Ihm solle »ein zweites München erspart« bleiben.[73] Zu oft erlebte der Reichspräsident bei seinen Auftritten Ignoranz, Hass und Ablehnung. Das erklärt, warum er einmal privat davon schrieb, Reisen würden ihm nun wahrlich keine Freude bescheren.[74]

Doch würde es ein Zerrbild ergeben, nur von negativen Erfahrungen zu berichten. Es traf wohl zu, wie eine Münchner Zeitung zu Eberts Besuch der bayerischen Landeshauptstadt 1922 die Zuschauer kategorisierte: »Von den einen als Parteigenosse und als Repräsentant jenes Staates, in dem die Sozialdemokratie maßgebenden Einfluss ausübt, überschwänglich gefeiert und verherrlicht, von anderen wieder als Exponent der republikanisch-parlamentaristisch-zentralistischen Reichsverfassung freudig begrüßt, von einer dritten Gruppe schließlich, die zu dem Staat der Weimarer Verfassung im Verhältnis der unbedingten Opposition steht, aufs leidenschaftlichste bekämpft und zum Teil auch geschmäht.«[75] Obwohl er bei Reisen und Auftritten verunglimpft und beleidigt wurde, blieb er unbeirrt. Nach den bitteren Ereignissen von München diktierte er einem Journalisten in den Notizblock, er werde sich von derartigen »Lümmeleien« nicht von seinem Weg abbringen lassen.[76]

> Die Rechtspresse wird wahrscheinlich über das Johlen und Pfeifen mancher Straßendemonstranten ein großes Geschrei erheben. Das kann und darf mich nicht stören. Ich habe auch an anderen Orten Lümmeleien gegen mich als Repräsentanten der Republik schon zur Genüge erlebt. Solange nur gepfiffen wird, können wir ruhig am Aufbau der Republik weiter schaffen.
> *Interview mit dem »Vorwärts«, 13. Juni 1922*

Ebert verließ in seinen öffentlichen Auftritten fast nie die Linie des bedingungslosen Kompromisses; er wollte nicht polarisieren, nicht die Republikgegner an den Pranger stellen. Der Mann des Ausgleichs wollte nicht ausgrenzen und versäumte es, bei den Republikanern eine Kampfgemeinschaft gegen die Feinde der Demokratie zu erzeugen. Er fühlte sich als Sachwalter des Gesamten, eben als Beauftragter des ganzen Volkes, nicht dazu befähigt, durch pointierte öffentliche Worte die Meinungsführerschaft an sich zu ziehen. So war und blieb er stets, auch und vor allem in seinen Reden, der ehrliche Makler der Republik.

Auch wenn Ebert die Propaganda wie generell die republikanische Elite seiner Zeit fast ausschließlich zur Beschwörung gesamtgesellschaftlicher Harmonie nutzte, so fehlte es nicht an Initiativen, die Republik im Bewusstsein aller Deutschen zu verankern, die Identifikation mit der neuen Demokratie zu fördern und der Gesellschaft ein aus den rudimentären demokratischen Traditionen geschöpftes geistiges Fundament zu verleihen. So stellte er den Umbruch von 1918/19 in eine Linie mit der Revolution von 1848 und erhob die Ideale der Frankfurter Paulskirche – Einheit, Freiheit, Vaterland – zu Leitsternen auch der neuen Demokratie und die Paulskirche zu einem »Denkstein« der Republik.[77] In dem Wissen, dass in Deutschland eine über die Zeit gewachsene und weit verbreitete republikanisch-demokratische Gesinnung wie in Frankreich fehlte, unterstützte Ebert im Gegensatz zur zögerlichen

Der fleißige Messegänger: auf der Ersten Ostmesse im ostpreußischen Königsberg im September 1920.

und in befremdlicher Distanz zum Jubiläum stehenden Cuno-Regierung nachdrücklich die Feiern zum 75. Jahrestag der Paulskirchenversammlung von 1848. Auf dem Römerberg in Frankfurt, wohin am 18. Mai 1923 Zehntausende strömten, erlebte er so etwas wie die klassenübergreifende freiheitliche Bürgergesellschaft in Harmonie, jene von ihm stets beschworene republikanische Eintracht.

Der vor allem aus sicherheitspolitischen Gründen gefällten Entscheidung für das thüringische Weimar als Versammlungsstätte der Nationalversammlung verlieh Ebert eine ideelle Note, wenn er darin auch einen symbolpolitischen Wegweiser und ein positives Signal weit über Deutschland hinaus erblickte.[78] Mit der Ortswahl konnte er den Geist von Weimar, den »Geist Goethes und Schillers«, als Leitbild für die nahezu traditionslose Republik reklamieren.[79]

> […] so müssen wir hier in Weimar die Wandlung vollziehen vom Imperialismus zum Idealismus, von der Weltmacht zur geistigen Größe. […] Jetzt muss der Geist von Weimar, der Geist der großen Philosophen und Dichter, wieder unser Leben erfüllen.
> *Rede zur Eröffnung der Nationalversammlung, 6. Februar 1919*

Gerade in der die politischen Gemüter bewegenden Auseinandersetzung um die Staatssymbolik setzte Ebert im Bemühen um Konsens auf eine Verbindung von Überliefertem und Neuem: So stellte er in der emotional überhitzten Flaggenfrage, ganz im Sinne von Artikel 3 der Reichsverfassung, die alten kaiserlichen Farben Schwarz-Weiß-Rot zwar nicht ebenbürtig, aber doch nahezu auf die gleiche Stufe wie das republikanische Schwarz-Rot-Gold. Zum Verfassungstag 1922 proklamierte er das Deutschlandlied von Hoffmann von Fallersleben aus dem Jahr 1841 zur Nationalhymne und stellte besonders den Dreiklang von »Einigkeit und Recht und Freiheit« heraus. Mit seiner Betonung der dritten Strophe versuchte er eine republikanische Umwidmung des im Ersten Weltkrieg mit der Langemarck-Legende zum Symbol einer jugendlich-heroischen Selbstaufopferung für das Vaterland stilisierten Liedes.

Ebert machte sich weiterhin stark für die feierliche Begehung des Verfassungstages am 11. August, dem Tag, an dem er 1919 in seinem Urlaubsort Schwarzburg südlich von Weimar die Verfassung unterzeichnet hatte. Auf Regierungsebene bewies sich der Präsident als Motor für diese Idee. An diesem Tag sollten die Republikaner Flagge zeigen. Aber in der in verschiedene Teilkulturen gespaltenen Gesellschaft Weimars konnte die Verfassungsfeier als Ersatz für den fehlenden Nationalfeiertag die angestrebte Integrationskraft nur begrenzt entfalten und erlangte nicht den Charakter eines alle Schichten umfassenden Volksfestes. Viele zogen es vor, den Veranstaltungen fernzubleiben, um ihre Distanz zur Republik zu demonstrieren.

Flagge, Hymne und Verfassungstag sowie die Rückbesinnung auf 1848 verstand Ebert als Transmissionsriemen, um den Gedanken der Republik in der Bevölkerung zu implementieren und zu zementieren und über den Griff in den Traditionshaushalt die dem Kaiserreich Verhafteten mit in die Republik zu nehmen. Er wollte Orientierungspflöcke setzen, die die Schichten und Parteien einten und vereinten.

7. Zielobjekt der Republikgegner

Über die Symbolik suchte der Reichspräsident Traditionswerte zu schaffen und für die neue Staatsordnung zu werben. Denn der Wechsel der Staatsform von der Monarchie zur Republik hatte sich nicht in allen Köpfen festgesetzt. Wie es scheint, gelang es ihm wohl, den politischen Treibsand, die Unentschlossenen, für die Demokratie zu erwärmen. Immun zeigten sich freilich die von der Weltrevolution träumenden und auf eine Diktatur des Proletariats hinarbeitenden Kommunisten und auch die fest zementierte Vorbehalte gegenüber der Republik hegenden Monarchisten, die in der neuen Staatsordnung nichts weiter als das verachtete System der von Ebert angeführten »Novemberverbrecher«, eine Schöpfung der einstigen Reichsfeinde, erblickten. Für die Unverbesserlichen war und blieb die SPD eine Ansammlung von Hochverrätern. Viele sehnten sich nach imperialer Herrlichkeit zurück und bekämpften die Republik und ihre Träger – bis hin zum Mord.

Mit Worten gemartert wurde Ebert, der als Staatsoberhaupt wie kein anderer Politiker mit der Republik identifiziert wurde und so in das Fadenkreuz der Demokratiegegner geriet. Die antidemokratische Rechte überzog in ihrem blindwütigen Hass auf die Republik den Reichspräsidenten mit einer unglaublichen Verleumdungskampagne, in deren Zentrum, im Rückgriff auf die Diffamierung der Sozialdemokraten während des Kaiserreiches, der Vorwurf des Landesverrats stand. Radikalsozialisten und Kommunisten stempelten ihn wegen seines Kampfes gegen eine Räterepublik – und weil er aus ihrer Sicht in der Revolution im Zusammenspiel mit den alten Mächten die Arbeiterbewegung unterdrückt habe – zum verbürgerlichten Arbeiterverräter. Dass die radikale Linke Ebert als Hampelmann in den Händen des Industriemagnaten Hugo Stinnes wähnte, wie ihn der bekannte Karikaturist George Grosz einmal zeichnete, bestätigte das gängige kommunistische Bild vom einstigen SPD-Parteivorsitzenden und amtierenden Reichspräsidenten als einem willfährigen Werkzeug der Großindustrie.

Allgemein erreichte die politische Karikatur in der Weimarer Republik durch hohe Auflagen der zahlreichen Witzblätter eine breite Öffentlichkeit. Die Karikaturisten kommentierten Zeit und Politprominenz mit spitzer Feder. Seit Beginn seiner Amtszeit war Ebert ein beliebtes Sujet der Karikatur, die in der Zeit nach der Revolution von Schärfe gekennzeichnet war. Dass ein Mann aus dem Volk – ein Sattler, ein Sozialdemokrat – an der Spitze des neuen Staates stand beziehungsweise »thronte«, reizte zahlreiche Künstler zu Illustrationen. Neben den in bester Tradition stehenden Satire-Blättern wie dem »Simplicissimus« oder dem »Kladderadatsch«, in denen die politische Karikatur als eine die Realität überzeichnende, aber generell nicht die Person verunglimpfende Darstellung zu sehen war, gingen Zeichner der radikalen Linken und Rechten oft über den Rahmen des Tolerierbaren hinaus. Nicht nur der Präsident als Person wurde mitunter grobschlächtig attackiert – aus dem »Ebert« wurde ein bildlicher »Eber« –, sondern das gesamte neue System, das er als Staatsoberhaupt verkörperte. Die Weimarer Republik stand noch zu sehr auf unsicheren Füßen, als dass sie solche Angriffe hätte unbeschadet überstehen können. Eine ideelle Unterstützung, die sie als junge Demokratie so dringend benötigte, fand sie in der Karikatur kaum.

Das Verächtlichmachen des Staatsoberhaupts wurde geradezu salonfähig. Dabei bewiesen sich, so analysierte Ebert schon 1920 treffend, »Universitäten und höhere Schulen« als »Brutstätten der Reaktion«.[80] An den Universitäten pflegten Lehrende und Lernende eine aus dem Kaiserreich hinübergerettete völkisch-nationale Gesinnung und standen in der Mehrheit der Republik weithin distanziert, gar ablehnend gegenüber und zogen über Ebert her. Die politische Kultur verrohte. Die von der Revolutionsregierung am 12. November 1918 verkündete Pressefreiheit und die gleichzeitige Aufhebung der Zensur nutzten die Antidemokraten weidlich gegen die Republik.

So erzielte ein Privatfoto einen sensationellen, jedoch zweifelhaften »Erfolg«: das Bild von Ebert und Reichswehrminister

Unbeschwerte Badefreuden in der Ostsee, 16. Juli 1919: mit Reichswehrminister Gustav Noske und Mitgliedern der Hamburger Konsumgenossenschaft »Produktion«. Durch die Veröffentlichung in der »Berliner Illustrirten Zeitung« vom 24. August 1919 erreicht das Privatfoto republikweite Aufmerksamkeit.

Noske in Badehose in der Ostsee. Der private Schnappschuss, im Juli 1919 beim Besuch eines Kindererholungsheimes im Seebad Haffkrug von einem zufällig anwesenden Strandfotografen aufgenommen und der Presse zugespielt, erschien in der »Berliner Illustrirten Zeitung«, dem wohl angesehensten Bilder-Journal der Zeit, in deren Ausgabe vom 24. August 1919. Sie kam aber bereits punktgenau am Tag der Vereidigung des Reichspräsidenten auf die neue Reichsverfassung, dem 21. August, vor dem Weimarer Theater zur Verteilung. Das auf die Protagonisten Ebert und Noske beschnittene Foto erlangte nachfolgend eine ungeheure Wirkung. Denn auf das Badehosenbild reagierte die Gesellschaft, die bisher den kaiserlichen Prunk gewohnt war, doch einigermaßen schockiert. Hatte man so je den Monarchen abgebildet gesehen, in unvorteilhafter Badehose, die weithin als eine nicht angemessene Badebekleidung des Mannes betrachtet wurde? Für einen kräftigen negativen Bekanntheitsschub sorgte die konservative »Deutsche Tageszeitung«, als sie mit der Abbildung im Zentrum die massenhaft verbreitete Postkarte unter der Überschrift »Einst und Jetzt« herausgab, auf der Ebert und Noske umrahmt wurden von Wilhelm II. und Hindenburg in Uniform, mit Orden behängt. Für den gemeinen Bürger lag die Aussage auf der Hand: »Einst« – das waren Monarch und sein Feldmarschall als Verkörperung wilhelminischer Pracht; »Jetzt« – das war die entblößte und bloß gestellte Republik, deren Träger ohne jede Würde vor der Kamera posierten. Das Motiv wurde nachfolgend in einer Fülle von Karikaturen verfremdet und so »das wirkungsvollste, weil pöbelhafteste Argument gegen die Republik«[81], wie der Schriftsteller und Journalist Joseph Roth schon im Herbst 1923 schrieb.

Das Bild und seine Variationen waren jedoch nur ein Mosaikstein auf dem großen Tableau der Verunglimpfungen. So stellte die radikale Presse ungeheure Behauptungen über Ebert auf. Aus seinem Lebensweg von der Heidelberger Pfaffengasse zur Berliner Wilhelmstraße, vom Sattlergesellen und Gastwirt zum Reichspräsidenten schöpften die Demokratiegegner Stoff für Häme in Wort und Bild. Es kursierten, auch in der Presse, wilde Gerüchte von Bestechlichkeit, Trunksucht und unsittlichem Lebenswandel. Ebert sei schlicht unfähig und unwürdig, das höchste Staatsamt zu bekleiden. Die Verleumdungsmaschinerie machte nicht einmal vor seiner Frau Louise halt, die als Objekt übler Nachrede ebenso mit Dreck überhäuft wurde. Das alles blieb während der gesamten Präsidentschaft Begleitmusik. Bösartige Bemerkungen über seine Person waren, so Ebert gegenüber der »Chicago Daily Tribune«, sein tägliches Brot.[82] Das war es.

Zwar schrieb er zu Beginn des Jahres 1920 davon, gegen »persönliche Anwürfe« nicht empfindlich zu sein. Doch wenn die Demokratie und er als Staatsoberhaupt in den Schmutz gezogen wurden, fühlte er sich in der Pflicht, gegen jedwede »Schweinerei« gerichtlich vorzugehen.[83] Das tat er verstärkt nach den Morden an Ex-Minister Matthias Erzberger 1921 und vor allem an Rathenau ein Jahr später. So sind mehr als 200 Prozesse des Reichspräsidenten gezählt worden. Die Klage erwies sich jedoch im Kampf um

»... haben wir den Kampf aufgegeben«: Der Volksbeauftragte Friedrich Ebert begrüßt am Brandenburger Tor die von der Front heimkehrenden Truppen am 10. Dezember 1918.

die Reputation von Amt und Republik als eine stumpfe Waffe, wie Ebert schmerzlich erfuhr, als er gegen den besonders verletzenden Vorwurf des Landesverrats vorging.

Die Unterstellung landesverräterischen Treibens war die auf Ebert gemünzte Fortsetzung der Dolchstoßlegende, die das politische Klima Weimars so nachhaltig vergiftete. Mit diesem Lügenkonstrukt konnte die Schuld an der Kriegsniederlage der organisierten Arbeiterbewegung, allen voran Ebert, in die Schuhe geschoben werden. Sie sei durch revolutionäre Aktionen im Innern der tapfer kämpfenden Truppe an der Front in den Rücken gefallen.

In der rückschauenden Betrachtung wird Ebert vielfach vorgehalten, durch seine Rede beim Einzug der heimkehrenden Truppen in Berlin der Dolchstoßlegende den Boden bereitet zu haben. Am 10. Dezember 1918 hatte der Volksbeauftragte die Soldaten unter anderem mit den Worten willkommen geheißen: »Kein Feind hat Euch überwunden. Erst als die Übermacht der Gegner an Menschen und Material immer drückender wurde, haben wir den Kampf aufgegeben.«[84] Damit sei das rasch um sich greifende Schlagwort im »Felde unbesiegt« vor aller Öffentlichkeit verkündet worden. Um zu solcher Wertung zu kommen, bedarf es aber weitschweifender Auslegung der Rede. Denn das Wort »unbesiegt« fiel überhaupt nicht. Und der zweite Teil der Begrüßung war unmissverständlich, wenn Ebert feststellte, die neue politische Führung, die er in das Personalpronomen »wir« verpackte, habe den Kampf aufgegeben, nachdem die Übermacht der Gegner erdrückend geworden sei. Die Niederlage war damit unumwunden zugegeben worden. Bei der Eröffnung der Nationalversammlung am 6. Februar 1919 ließ er an Deutlichkeit nichts vermissen: »Wir haben den Krieg verloren. Diese Tatsache ist keine Folge der Revolution.«[85] Die bis in die jüngste Literatur kolportierte These, Ebert habe mit der Begrüßungsrede an die Frontkämpfer der erbärmlichen Dolchstoßlegende Vorschub geleistet, darf getrost als fehlgehend ad acta gelegt werden.

Ungeachtet der wahren Gründe der Niederlage bedienten sich die monarchistischen Nostalgiker nur allzu gern der politischen Zwecklüge. Denn damit konnte die zivile und militärische Führung des Kaiserreiches von der tatsächlichen Verantwortung für den Kriegsausgang und dessen Folgen, für den harten Waffenstillstand und vor allem für den als nationale Demütigung empfundenen Versailler Vertrag, entbunden werden. Es war dann ein Leichtes, die Schuld den republikanischen Politikern anzulasten. Da fügte es sich bestens ein, den Reichspräsidenten als Landesverräter an den Pranger zu stellen. Konkret spielten die Verleumder auf den großen Streik der Berliner Munitionsarbeiter im Januar 1918 an, als der SPD-Parteivorsitzende Ebert in den Streikausschuss getreten war und vergeblich versucht hatte, den Ausstand ohne Folgen für das Reich und die Streikenden zu beenden.

Ausgangspunkt für den spektakulärsten Landesverratsprozess

war Eberts von erheblichen Störungen begleiteter Münchner Besuch 1922, als ihm ein deutschvölkischer Agitator lauthals ein »Landesverräter« entgegengeschleudert hatte, woraufhin Ebert Klage erhob, die er dann allerdings Anfang 1924 zurückzog. Augenscheinlich versprach er sich von dem als rechtslastig geltenden Münchner Gericht keine Gerechtigkeit, befürchtete gar noch eine Verschärfung der öffentlichen Diskussion. Doch gerade sein Rückzug, von dem er sich eigentlich Beruhigung erhofft hatte, heizte die Sache kräftig an, so dass er nach erneuten Vorwürfen in der Presse mit Strafantrag gegen einen die Sache aufgreifenden Redakteur der »Mitteldeutschen Presse« in Staßfurt vorging. Der vor dem Magdeburger Landgericht anhängige Prozess, von den Demokratiegegnern als Tribunal gegen die Republik aufgebauscht, endete am 23. Dezember 1924 mit einem Skandal. Das Gericht bestrafte zwar den Redakteur wegen Beleidigung, stellte in seiner Urteilsbegründung aber zugleich fest, dass Eberts Streikbeteiligung im Januar 1918 den Tatbestand des Landesverrats erfülle. Das traf den Patrioten Ebert zutiefst. An die DVP-Politikerin Katharina von (Kardorff-)Oheimb schrieb am Silvestertag ein resigniert klingender Präsident, dass er den Prozess »gegen verleumderische Schmutzereien« nicht aus persönlichen Motiven, sondern nur aus »Staatsinteresse« geführt habe. Enttäuscht stellte er fest: »Staatsinteresse und Rechtspflege scheinen heute aber schlecht miteinander zu vereinbaren zu sein.«[86] Seine Kritik an einer der alten Zeit verhafteten Justiz traf den Kern; auch er bekam ihre Rechtslastigkeit zu spüren.

> Mir war mein Lebensweg nie mit Rosen bestreut. Ich wünsche das auch nicht in Zukunft. Gleichwohl werde ich meine Straße weiter ziehen, sicher und fest, mit frohem Mut und gutem Gewissen!
> *Brief an Katharina von Oheimb, 31. Dezember 1924*

Jeder antirepublikanische Gossenjournalist und Stammtischbruder durfte nach dem Magdeburger Urteil das Staatsoberhaupt ungestraft »Landesverräter« schimpfen. Das Odium des Landesverrats, ein dem reichhaltigen antisozialistischen Arsenal der Vorkriegszeit entlehntes Stereotyp, klebte an Ebert, und mit ihm an der gesamten SPD, und wurde zentraler Bestandteil der antirepublikanischen Sammlungsideologie in der Weimarer Zeit. Der Präsident konnte und durfte den Vorwurf nicht auf sich sitzen lassen. Er drängte auf eine Berufungsverhandlung, um das erstinstanzliche Urteil aufzuheben, denn es brachte die gesamte Republik in Misskredit, der das Signum der Unrechtmäßigkeit, der Geburt aus dem Verrat, anhaftete. Der kaiserliche General Erich Ludendorff posaunte es heraus: »Nun also! Es bleibt dabei, der Munitionsarbeiterstreik im Januar 1918 war Landesverrat und die Teilnehmer [...] schuldig des Landesverrats und strafwürdige Verbrecher.«[87] Ausgerechnet Ludendorff hatte als Adlatus von Hindenburg in der Obersten Heeresleitung noch kurz vor Kriegsende eine letzte verzweifelte militärische Aktion unternehmen wollen und seine Hoffnung voll in Ebert gesetzt, hierfür eine Begeisterung im Land anzufachen. Sechs Jahre später war dieser Mann für ihn nichts weiter als ein erbärmlicher Landesverräter.

Es will scheinen, dass der bis ins Mark getroffene Ebert unschlüssig war, bei der im Frühjahr 1925 anstehenden Volkswahl des Reichspräsidenten ins Rennen zu gehen. Von seiner Partei wäre er gewiss wieder auf den Kandidatenschild gehoben worden – wenn er denn gewollt hätte. Im Zuge der Verleumdungen näherten sich SPD und Ebert wieder an; Magdeburg führte schließlich zum engen Schulterschluss von Partei und Präsident, der bis zum Urteil auf eine zweite Amtszeit hinarbeitete. So erkundigte er sich bereits, welche Strategie amtierende US-Präsidenten im Wahlkampf zur zweiten Amtsperiode verfolgten. Der Spruch von Magdeburg aber ließ Ebert schwanken. Die Frage einer Kandidatur hatte er im Februar 1925 wohl noch nicht entschieden. Möglicherweise tendierte er dazu, sich nach Jahren der extremen politischen Belastung ins Privatleben nach Heidelberg zurückzuziehen.

Zur Heimat fühlte sich Ebert stets hingezogen und verband Dienstreisen in den geliebten Süden der Republik immer wieder mit Kurzbesuchen der Kurpfalz. Seine Urlaube verbrachte er regelmäßig in Freudenstadt im Schwarzwald und kurte 1921 und 1924 im württembergischen (Bad) Mergentheim, um sein jahrelanges

Gallenleiden zu behandeln, das ihn bereits während des Krieges peinigte. Die wohl anstrengenden Kuren bescherten nur kurzzeitige Besserung, denn die Querelen des politischen Alltags waren der Gesundheit abträglich. Auch wenn die Wochen erfolgreich sein würden, so schrieb er privat 1921 aus Mergentheim, werde die Galle »in Berlin wohl bald wieder überlaufen«.[88] Im Juni 1922 nahm der Freudenstädter Urlaub ein jähes Ende, als ihn die Nachricht vom Anschlag auf Rathenau erreichte. Noch am gleichen Abend ereilte Ebert eine schwere Gallenkolik. Gegen ärztlichen Rat reiste er unter schmerzstillenden Morphinspritzen nach Berlin, um im Reichstag – unter großen Qualen – die Gedenkrede auf den ermordeten Außenminister zu halten: »[...] die verruchte Tat traf nicht den Menschen Rathenau allein, sie trifft Deutschland in seiner Gesamtheit. Gerichtet war die Bluttat gegen die Deutsche Republik und gegen den Gedanken der Demokratie, [...], sie ist ein Anschlag auf die Nation.«[89]

Mit tiefer Besorgnis blicke ich auf die weiteren Folgen dieser unseligen Tat. Sie zeigt uns wieder den Geist der deutschen Zwietracht, die so oft Deutschlands Verhängnis war. [...] Bitter ist die Erkenntnis, dass solche Frevel uns wieder auf den dornigen und steinigen Wege zurückbringen, den ruhige Überlegung und klare Einsicht des Erreichbaren uns als den allein richtigen gewiesen haben. Unbeirrt jedoch müssen wir ihn weitergehen und an der Erneuerung und der Gesundung unseres Volkes arbeiten.
Brief an Gerhart Hauptmann, 3. Juli 1922

Zu Pfingsten 1924, als er sich kurzzeitig in der Schorfheide nördlich von Berlin erholte, wurde Ebert erneut von einem Anfall heimgesucht. Dort in einem Waldhaus suchte er Ablenkung vom politischen Tagesgeschäft und ging zur Jagd. Aber das waren nur viel zu kurze Phasen der Regeneration. Der allgemeine Raubbau an seiner Gesundheit lässt sich auch an den Porträts des späten Ebert ablesen.

Der Traum vom Lebensabend in der Geburtsstadt Heidelberg erfüllte sich nicht. Ebert wurde indirekt das Opfer der Verleumdungen. Die nach dem Magdeburger Urteil auftretenden gesundheitlichen Beschwerden diagnostizierte sein Hausarzt zunächst als Gallenkoliken, nicht als Blinddarmentzündung, wie sie tatsächlich vorlag. Dem dringenden ärztlichen Rat zu einer Auszeit verweigerte sich Ebert, weil er erst den Berufungsprozess hinter sich bringen wollte. So trat am 23. Februar 1925 eine dramatische Verschlechterung seines Gesundheitszustandes ein. Noch in der Nacht wurde er in einer Berliner Klinik operiert – allerdings zu spät.

Am 28. Februar 1925 um 10.12 Uhr starb Friedrich Ebert. Ohne Zweifel hatte die Hetzkampagne zu seinem frühen Tod im Alter von 54 Jahren beigetragen. Sein Hausarzt berichtet, die durch den Magdeburger Prozess verursachten »seelischen Aufregungen« hätten die Widerstandskraft des Kranken geschwächt.[90] Möglicherweise konnte Ebert auch deswegen die ohnehin heikle Operation nicht überstehen. Berlin nahm in einer bewegenden republikanischen Trauerfeier am 4. März Abschied vom ersten Reichspräsidenten. Eine unüberschaubare Menge – Schätzungen sprechen von einer Million Menschen – säumte den Weg des Trauerzuges. Am Tag darauf wurde Friedrich Ebert auf dem Bergfriedhof seiner Heimatstadt Heidelberg beigesetzt.

Eine der letzten Aufnahmen, vermutlich Februar 1925: ein von Krankheit gezeichneter Friedrich Ebert.

Verblasste Grußkarte (mit Bild Eberts von 1919) zu Weihnachten 1921 an die befreundete Familie Vollmann.

Epilog

Sozialdemokrat, Republikgründer und Staatsmann – ein Leben für die soziale Demokratie

Mit gutem Grund kann der Lebenslauf des Sozialdemokraten Friedrich Ebert vom Sattlergesellen zum Bürgerpräsidenten als eine Karriere wie aus dem Bilderbuch charakterisiert werden. Doch um einen zielgerichteten Aufstieg handelte es sich nicht. Die über gesamtgesellschaftliche Wendepunkte und Zäsuren hinweggreifende Biographie war nicht von Brüchen und Wandlungen gekennzeichnet, sondern von einer bemerkenswerten Gradlinigkeit und Festigkeit politischen Handelns, das sich an dauerhaft gültigen Grundwerten und Prinzipien orientierte. Ebert machte sich die Verwirklichung der sozialen Demokratie zur Aufgabe, hatte mit dem Eintritt in die gesamtstaatliche Verantwortung immer das Ganze im Blick, wie auf seinem Grabstein als Leitspruch verewigt ist: »Des Volkes Wohl ist meiner Arbeit Ziel«.[1] Zur Vereidigung auf die Reichsverfassung im August 1919 nannte er »Freiheit, Recht und soziale Wohlfahrt«[2] als Pfeiler des erstrebten Zukunftsstaates, wobei er die in dem ihm vorgelegten Manuskript enthaltenen »Freiheit und Recht« eigenhändig noch um die »soziale Wohlfahrt« erweiterte. Eine soziale Ausprägung gehörte für ihn untrennbar zum demokratischen Gemeinwesen dazu. Der Mann aus der Arbeiterbewegung hielt an seinem normativen Ziel, der politischen und gesellschaftlichen Emanzipation der Arbeiterbewegung, über die Stürme der Zeit hinweg fest.

Dabei trat der Arbeiterführer der zweiten Generation nicht als (Vor-)Denker der sozialdemokratischen Bewegung hervor, wohl aber als ein Mann der Tat und der Verantwortung[3], der die SPD auf der Basis einer festgefügten Organisation zum Erfolg führen wollte und die Einheit der Partei über die Katastrophe des Ersten Weltkrieges hinweg zu retten versuchte. Sein Ringen war vergeblich. Zu Eberts fünftem Todestag unterstrich der »Vorwärts«, dass er nie wie August Bebel »ein Erwecker der Massen« habe werden können. Ihm habe dazu die »zündende Rednergabe und die Macht der Suggestion« gefehlt. In der Tat war Ebert kein Prophet oder Visionär wie sein Vorgänger, aber ein Realpolitiker, der – so urteilte das sozialdemokratische Zentralorgan weiter – »unter heroischem Verzicht auf alle Illusionen und in unermesslicher Geduld«[4] in der Revolution die Spur in die Republik gelegt und beständig am Vorrang der demokratisch-parlamentarischen Ordnung festgehalten habe.

> Sozialismus ist Arbeit.
> *Rede auf der Länderkonferenz, 25. November 1918*

In der Stunde des Zusammenbruchs fühlte er sich nicht als revolutionärer Gestalter, sondern als pragmatischer Verwalter, der die Lebensfähigkeit der Nation erhalten und den Weg in die Demokratie bereiten wollte. Und dies musste er auf einem schwankenden Boden erledigen. Wir erleben ihn dabei nicht als einen Getriebenen, sondern als einen entschlossen Zupackenden, der voll auf die demokratische Karte setzte und baldige Wahlen für ein republikanisches Nationalparlament erstrebte. Für ihn war die Spanne nach Übernahme der Reichskanzlerschaft am 9. November 1918 eine Phase des Übergangs, die baldmöglichst in die Konstituierung der Nationalversammlung münden sollte, nicht die einer längerfristig angelegten Periode der breit angelegten Gestaltung per Dekret.

Zwischen hohem Erwartungshorizont und eng geschnürten Rahmenbedingungen, umwölbt von fundamentalen Krisen und drohender politischer Eruption hielt Ebert Kurs, verstand dabei sein Mandat als zeitlich befristet und sachlich beschränkt. Als politischer Führer nach dem Fall der Monarchie mit dem Credo, im Auftrag des ganzen Volkes handeln zu müssen, sah er sich als Konkursverwalter des alten Reiches und als Treuhänder der Macht,

Eine seltene Aufnahme: ein gelöst wirkender Friedrich Ebert im Garten des Reichspräsidentenpalais mit Berliner Kindern beim Empfang für Vertreter der amerikanischen Kinderhilfe, 17. Juni 1924.

dabei die Revolutionsregierung nur als ein provisorisches Organ mit begrenztem Mandat und limitierter Legitimationsbasis. Hinter den die Revolutionsregierung tragenden Parteien der Arbeiterbewegung standen wohl nicht mal 50 Prozent der Bevölkerung, nimmt man das Wahlergebnis vom Januar 1919 als Bezugsrahmen. Auch wenn man das geringe Potential der sich dem ersten demokratischen Votum verweigernden KPD hinzuzählt, ändert sich nichts am Befund.

Das wesentlich von ihm fundierte demokratische Gehäuse auszugestalten, hielt er immer für eine Sache der Volksvertretung, der zentralen Körperschaft im demokratisch verfassten Staat. Man mag die Politik Eberts als richtig oder falsch bezeichnen – undemokratisch oder gar ein Verrat an den Grundsätzen seiner eigenen Partei war sie nicht. Wer getragen war von dem

Glauben, dass die Republik nur dann bestehen konnte, wenn der Klassenkompromiss von sozialdemokratischer Arbeiterbewegung und reformbereitem Bürgertum hielt, und wer weiterhin den Wählerwillen als Imperativ politischen Handelns nahm, der konnte keinen grundlegend anderen Kurs einschlagen, als ihn der SPD-Parteivorsitzende in den drei Monaten nach dem Sturz der Monarchie steuerte. Eine demokratische Alternative zur Politik Eberts und der Mehrheitssozialdemokratie gab es nicht. Die Revolution, vom linken Spektrum der Zeitgenossen und von einigen Historikern als gescheitert, von anderen als unvollendet oder steckengeblieben charakterisiert, darf insofern doch als eine erfolgreiche gesehen werden, als sie die Demokratie begründete. Ihr schmähliches Ende 14 Jahre später war ihr keineswegs in die Wiege gelegt worden, denn sie war doch stark genug, um in jedem Moment Gefahren abzuwehren – sofern die Staatsorgane ihren demokratischen Auftrag wahrgenommen und auf der Basis der Verfassung den sozialen Rechtsstaat verteidigt hätten.

Von diesem Willen, der am Ende der Republik den Handlungsträgern vor allem aus dem bürgerlichen Lager fehlte, war Friedrich Ebert durchdrungen, der als erster Mann der Republik ein Präsident aller sein wollte, nicht Vorkämpfer und Interessenvertreter einer Partei. Unter diesem Amtsverständnis, das immer als Folie vor sein Handeln zu legen ist, betrachtete es Ebert als Auftrag, die von ihm wesentlich mitbegründete Republik funktionstüchtig zu halten. Das konnte in den Krisen der jungen, noch keineswegs gefestigten Demokratie nur unter konsequenter Anwendung der präsidialen Befugnisse gelingen. So war Ebert kein Notar einer von der Regierung inaugurierten Politik, sondern ein aktiv mitgestaltendes Staatsoberhaupt, das seine Verfassungskompetenzen aber nicht gegen Regierung und Reichstag ausreizte, sondern sich als ein demokratischer Mitspieler und als Wächter der republikanischen Verfassung erwies.

Unbeeinflusst von temporären Pendelschlägen der öffentlichen Meinung verfolgte er seine Politik. Eduard Bernstein hatte 1915 davon geschrieben, dass ein Politiker »nichtswürdig« sei, »den die Furcht, an Popularität zu verlieren, zum Abweichen von dem veranlasst, was sein Gewissen ihm vorschreibt«.[5] Von einem Schielen nach Popularität war Ebert weit entfernt. Nach momentanen Stimmungen oder gar lauten Rufen im politischen Raum richtete er sich nicht aus; da blieb er ein Mann des Grundsatzes und der Zuverlässigkeit. Politik war für ihn als Handwerker, Organisator und Pragmatiker immer die Kunst des Möglichen, nicht der Utopie. Sicherheit über das, was machbar erschien, prägte sein Handeln. In den Schaltstellen von Partei und Republik zeichneten ihn Machtwille, Beharrungsvermögen und Verantwortungsethos aus und machten ihn zum Prototyp des modernen Politikers, durchaus ein Mann mit Schwächen und Schwachstellen, die bereits zu seinen Lebzeiten innerhalb der Sozialdemokratie artikuliert wurden. Die Kritiker im sozialdemokratischen Lager wies der Vorsitzende Hermann Müller auf dem Berliner Parteitag im Juni 1924 in die Schranken. Gewiss könne die Partei nicht alles gutheißen, was Ebert als Reichspräsident in Verpflichtung für das Gemeinwesen hatte entscheiden müssen – aber, so der langjährige Weggefährte Eberts seit den gemeinsamen Tagen im SPD-Vorstand: »Wenn später einmal ein Historiker die Periode objektiv zu beurteilen versuchen wird, in der unser Ebert an der Spitze der deutschen Republik gestanden hat, dann wird er feststellen, mit wieviel Einsicht und Takt er dieses Amtes gewaltet hat. Es wird ewig eine Ehre für die Sozialdemokratische Partei sein, dass sie unter so schwierigen Verhältnissen [...] aus ihren Reihen den Mann stellte, der so gewirkt hat wie Ebert.«[6]

Nun – das Urteil der historischen Wissenschaft war und ist kein einheitliches; es unterlag dem politischen Standort der Interpreten und schwankte in den Zeitläuften, auch wenn sich mittlerweile eine gewisse Nivellierung eingestellt hat. Nahezu gleiche Wellen durchlief auch die politisch-historische Erinnerung an Ebert als Parteiführer, Volksbeauftragter und Reichspräsident.[7]

> Freiheit und Recht sind Zwillingsschwestern. Die Freiheit kann sich nur in fester staatlicher Ordnung gestalten. Sie zu schützen und wiederherzustellen, wo sie angetastet wird, das ist das erste Gebot derer, die die Freiheit lieben.
>
> *Rede in der Nationalversammlung, 11. Februar 1919*

Kritische Untertöne klangen bereits zwei Wochen vor seinem Tod in dem eingangs zitierten Artikel des »Vorwärts« an, wenn es dort zum sechsten Jahrestag seiner Präsidentenkür heißt: »Eberts Aufgabe war es zu verhindern, dass die Krisen zu Katastrophen wurden. Über die Mittel, die dazu anzuwenden waren, konnte man verschiedener Meinung sein. Der Präsident war in seinen Handlungen durch den Willen wechselnder Regierungen konstitutionell beschränkt. Seine Stellung war einzigartig und ohne Vorbild [...]. Jede Tradition fehlte, es musste alles neu geschaffen werden. Das ging nun nicht so, dass alle damit zufrieden sein können, das versteht sich von selbst.«[8] Ebert hingegen scheint generell mit sich im Reinen gewesen zu sein, wenn auch sicher nicht mit allem zufrieden.

> Aber ich glaube, im Großen und Ganzen mein Amt so geführt zu haben, wie es das Interesse der Arbeiterschaft gebietet, das in diesen Jahren in Übereinstimmung war mit den Interessen und Notwendigkeiten unseres ganzen Volkes.
> *Rede vor Sozialdemokraten in Kiel, 4. September 1922*

Die Krisen waren in der Tat nicht zu Katastrophen ausgewachsen, die Mittel, die Ebert anwandte, hielt die Verfassung parat. Zum Zeitpunkt seines Todes 1925 befand sich die Republik von Weimar in einer ruhigen Phase, die gemeinhin als eine der relativen Stabilität bezeichnet wird. Daran besaß er erheblichen Anteil. Friedrich Ebert hatte im Wesentlichen das getan, was ein Staatsoberhaupt in einer segmentierten, im Innern wenig befriedeten, von außen bedrängten Republik mit sozialen Schieflagen hatte tun können, überhaupt zu tun in der Lage war, wenn er sich dem demokratischen Ideal in aller Konsequenz und mit aller Entschlossenheit verpflichtet fühlte.

Die Republik von Weimar verlor mit dem ersten Reichspräsidenten ihren Vorkämpfer und einen ihrer Stützpfeiler. Der Sozialdemokrat hatte als Pate an der Wiege des demokratischen Verfassungsstaates gestanden und diesen entschieden verteidigt. Auch wenn seine Politik nicht frei von Fehlern war, so war sie in

(Rechts) Friedrich und Louise Ebert 1919.

ihrer Gesamtheit unter den vielfältigen Belastungen doch erfolgreich und wegbereitend, um den sozialdemokratischen Parteiführer und republikanischen Staatsmann Friedrich Ebert zu den Großen der deutschen Arbeiterbewegung und zu den Ahnherren der modernen deutschen Demokratie zu zählen.

> Gewiss, wir sind in einer schwierigen Lage, aber:
> Mut verloren, alles verloren.
> *In einem Zeitungsbeitrag, 13. Mai 1919*

Grabstätte Friedrich Eberts auf dem Bergfriedhof seiner Geburtsstadt Heidelberg, mit seinem Leitspruch, den er im Februar 1919 in einem Zeitungsbeitrag veröffentlichte: »Des Volkes Wohl ist meiner Arbeit Ziel.«

Anhang

Abkürzungen

BarchB	Bundesarchiv Berlin
BarchK	Bundesarchiv Koblenz
DDP	Deutsche Demokratische Partei
DNVP	Deutschnationale Volkspartei
DVP	Deutsche Volkspartei
KPD	Kommunistische Partei Deutschlands
OHL	Oberste Heeresleitung
PAAA	Politisches Archiv des Auswärtigen Amts, Berlin
SPD	Sozialdemokratische Partei Deutschlands
StB	Stenographische Berichte
USPD	Unabhängige Sozialdemokratische Partei Deutschlands
Verh. RT	Verhandlungen des Reichstags

Anmerkungen

Im Wesentlichen stützt sich die Darstellung auf die umfassende Studie Mühlhausen, Ebert – Reichspräsident von 2007 (2. Aufl.). Dort findet sich die zu den einzelnen Sachverhalten relevante Literatur. Nachgewiesen werden hier nur Zitate oder herangezogene neuere Literatur. Die mit einem Kurztitel unvollständig angeführten Werke ohne Querverweis auf eine Anmerkung sind im Verzeichnis der weiterführenden Literatur zu komplettieren.

Prolog

1 Artikel vom 12. Februar 1919, in: THEODOR WOLFF: Tagebücher 1914–1919. Der Erste Weltkrieg und die Entstehung der Weimarer Republik in Tagebüchern, Leitartikeln und Briefen des Chefredakteurs am »Berliner Tageblatt« und Mitbegründers der »Deutschen Demokratischen Partei«. Eingeleitet und hg. von BERND SÖSEMANN, Boppard/Rh. 1984, S. 824.
2 Abgedruckt in: MÜHLHAUSEN (Hg.), Ebert – Reden, S. 71.
3 Ebd., S. 71.
4 »Vorwärts« Nr. 70 vom 11. Februar 1925.

Kap. I

1 Brief an den gelernten Sattler und Gewerkschaftsfunktionär Johannes Sassenbach, 27. März 1909; Faksimile in: MÜNCH, Von Heidelberg, S. 48.
2 Brief von Louise an ihren ältesten Sohn Friedrich 1954, zitiert bei HEINZ VOSSKE: Friedrich Ebert. Ein Lebensbild, Berlin (Ost) 1987, S. 12; über sie: FRIEDRICH WINTERHAGER: Louise Ebert (1873–1955). Von der niedersächsischen Häuslerkate zum Präsidentenpalais in Berlin, Sankt Augustin 1995.
3 »Bremer Bürger-Zeitung« vom 14. September 1894; Faksimile in: MÜHLHAUSEN, Ebert – Sein Leben, S. 70.
4 Nachgewiesen bei MÜHLHAUSEN, Ebert – Reichspräsident, S. 50.

5 Wieder abgedruckt in MÜHLHAUSEN (Hg.), Ebert und seine Familie, S. 147.
6 Bericht der Bremer Polizei vom 28. November 1891; MÜNCH, Von Heidelberg, S. 59.
7 Etwa in seinem Lebenslauf 1919; dieser erneut in MÜHLHAUSEN, Ebert – Sein Leben, S. 12 f.
8 KARL KAUTSKY: Der Alkoholismus und seine Bekämpfung, in: »Die Neue Zeit«, IX. Jg., II. Bd. (1890–91), Nr. 30, S. 105–116, hier S. 107; ROBERT MICHELS: Zur Soziologie des Parteiwesens in der modernen Demokratie. Untersuchungen über die oligarchischen Tendenzen des Gruppenlebens. Vierte Aufl., hg. von FRANK R. PFETSCH, Stuttgart 1989, S. 272.
9 Arbeiter-Sekretariat Bremen und Umgebung: Zweiter Jahresbericht [...], Geschäftsjahr 1901, Bremen 1902, S. 41.
10 In der Bürgerschaft am 30. Januar 1901; SCHULZ, Ebert in Bremen, S. 124.
11 In der Bürgerschaft am 12. Dezember 1903; ebd., S. 148.
12 Auf der Maiversammlung 1902; »Bremer Bürger-Zeitung« Nr. 102 vom 3. Mai 1902.
13 »Bremer Bürger-Zeitung« Nr. 189 vom 13. August 1905.
14 Brief vom 4. Juni 1905 als Faksimile in: Friedrich Ebert 1871–1925, S. 94 f.
15 Dies nach BRAUN, Generation Ebert.
16 In seinen Erinnerungen; PHILIPP SCHEIDEMANN: Memoiren eines Sozialdemokraten, Dresden 1928, Bd. 1, S. 101.
17 »Bremer Bürger-Zeitung« Nr. 231 vom 3. Oktober 1903.
18 Protokolle der Sitzungen des Parteiausschusses der SPD 1912 bis 1921. [...], Nachdrucke. Hg. von DIETER DOWE. Mit einer Einleitung von FRIEDHELM BOLL, Berlin/Bonn 1980, Bd. 1, S. 93.
19 Zitate und deren Nachweis bei WALTER MÜHLHAUSEN: »Völker, hört die Signale«? Internationalismus und Nationalismus der SPD am Vorabend des Ersten Weltkrieges, in: DETLEV MARES/DIETER SCHOTT (Hg.): Das Jahr 1913. Aufbrüche und Krisenwahrnehmungen am Vorabend des Ersten Weltkriegs, Bielefeld 2014, S. 169–192, S. 178.
20 Am 5. April 1916; Verhandlungen des Reichstags (Verh. RT), Bd. 307, Stenographische Berichte (StB), S. 860.
21 Im Reichstag am 27. Mai 1915; Verh. RT, Bd. 306 (StB), S. 172.
22 Tagebuchaufzeichnungen Juli/August 1914; MÜHLHAUSEN, Ebert – Sein Leben, S. 134 ff.
23 In MÜHLHAUSEN (Hg.), Ebert und seine Familie, S. 89.
24 Sitzung Parteiausschuss vom 27. September 1914; Protokolle Parteiausschuss 1 [wie Anm. 18], S. 102.
25 Am 5. April 1916 im Reichstag; Verh. RT, Bd. 307 (StB), S. 857.
26 Zitiert bei MÜHLHAUSEN, Ebert – Reichspräsident, S. 80.
27 Ebd., S. 77.
28 Rede in EBERT, Schriften 2, S. 330 ff.

29 Protokolle Parteiausschuss 1 [wie Anm. 18], S. 431: Sitzung vom 18. April 1917.
30 An seine Schwägerin Philippine Ebert am 15. Februar 1917; MÜHLHAUSEN (Hg.), Ebert und seine Familie, S. 103.
31 Brief an Georg vom 1. Mai 1917; Faksimile in EBERT, Schriften 2, S. 3 ff.; übertragen in MÜHLHAUSEN (Hg.), Ebert und seine Familie, S. 104 f.
32 SCHEIDEMANN, Memoiren 1 [wie Anm. 16], S. 313 und S. 261.
33 Ebert an den späteren Reichstagspräsidenten Paul Löbe (SPD), 5. März 1917; BarchB, N 2178/Nachlass Paul Löbe 19, pag. 4.
34 Vor dem Interfraktionellen Ausschuss am 12. Juli 1917; Der Interfraktionelle Ausschuß 1917/18. Zwei Teile, bearb. von ERICH MATTHIAS unter Mitwirkung von RUDOLF MORSEY, Düsseldorf 1959, Teil 1, S. 61. Die Osterbotschaft des Kaisers in: ERNST RUDOLF HUBER (Hg.): Dokumente zur deutschen Verfassungsgeschichte, Bd. 3, Stuttgart 3. Aufl. 1990, S. 154.
35 Am 5. April 1916; Verh. RT, Bd. 307 (StB), S. 860.
36 Am 7. Juni 1916; Verh. RT, Bd. 308 (StB), S. 1588.
37 Der Interfraktionelle Ausschuß 2 [wie Anm. 34], S. 341: Sitzung vom 20. März 1918.
38 Verh. RT, Bd. 310 (StB), S. 3395.
39 Verh. RT, Bd. 311 (StB), S. 3972.
40 »Bremer Bürger-Zeitung« Nr. 274 vom 22. November 1917.
41 Verh. RT, Bd. 311 (StB), S. 4057.
42 Im Interfraktionellen Ausschuss am 6. Juli 1918; Der Interfraktionelle Ausschuß 2 [wie Anm. 34], S. 431.
43 Die Reichstagsfraktion der deutschen Sozialdemokratie 1898 bis 1918. Zwei Teile, bearb. von ERICH MATTHIAS und EBERHARD PIKART, Düsseldorf 1966, Teil 2, S. 442.
44 Nachweis bei MÜHLHAUSEN, Ebert – Reichspräsident, S. 101.
45 Am 21. September 1918 im Interfraktionellen Ausschuss; Der Interfraktionelle Ausschuß 2 [wie Anm. 34], S. 642.
46 LOTHAR MACHTAN: Prinz Max von Baden. Der letzte Kanzler des Kaisers. Eine Biographie, Berlin 2013, S. 378.
47 Verh. RT, Bd. 314 (StB), S. 6161.
48 Ebd.
49 Vgl. MÜHLHAUSEN, Ebert – Reichspräsident, S. 98 f.; MÜHLHAUSEN, Parteivorsitz, S. 56 f.
50 Aufzeichnungen in: EBERT, Schriften 2, S. 69.

Kap. II

1 Protokoll in: Die Reichstagsfraktion 2 [wie Kap. I, Anm. 43], S. 518.
2 Zitat bei: PRINZ MAX VON BADEN: Erinnerungen und Dokumente. Neu hg. von GOLO MANN und ANDREAS BURCKHARDT. Mit einer Einleitung von GOLO MANN, Stuttgart 1968, S. 600 und S. 603. Für den Ablauf auch: MACHTAN, Prinz Max von Baden [wie Kap. I, Anm. 46], S. 455 ff.; neuerdings BERND BRAUN: Der »Nachfolger«. Friedrich Ebert (1871–1925), in: KONRAD KRIMM (Hg.): Der Wunschlose. Prinz Max von Baden und seine Welt, Stuttgart 2016, S. 194–201.
3 Prinz MAX VON BADEN, Erinnerungen [wie Anm. 2], S. 567.
4 So der spätere preußische Innenminister Grzesinski; ALBERT GRZESINSKI: Im Kampf um die deutsche Republik. Erinnerungen eines Sozialdemokraten, hg. von EBERHARD KOLB, München 2001, S. 95.
5 »Vorwärts« Nr. 311 vom 11. November 1918.
6 Aufzeichnung von Prinz Max über das Gespräch mit Ebert am 6. November 1918; Prinz MAX VON BADEN, Erinnerungen [wie Anm. 2], S. 560.
7 Vgl. REINHARD RÜRUP: Die »Ausrufung der Republik« durch Philipp Scheidemann am 9. November 1918, in: BERND FAULENBACH/ANDREAS HELLE (Hg.): Menschen, Ideen, Wegmarken. Aus 150 Jahren deutscher Sozialdemokratie, Berlin 2013, S. 62–72.
8 In: Friedrich Ebert 1871–1925, S. 120.
9 PHILIPP SCHEIDEMANN: Der Zusammenbruch, Berlin 1921, S. 211.
10 »Aufruf« der – noch allein aus den Sozialdemokraten Ebert, Scheidemann und Landsberg bestehenden – »Reichsregierung« vom 9. November 1918; GERHARD A. RITTER/SUSANNE MILLER: Die deutsche Revolution 1918/1919. Dokumente, Frankfurt a. M. 2. Aufl. 1983, S. 81.
11 Rede vor dem Reichsverband der Deutschen Industrie am 7. Januar 1920; MÜHLHAUSEN (Hg.), Ebert – Reden, S. 141.
12 Faksimile der von Ebert als »Reichskanzler« allein unterzeichneten Bestätigung des Unterstaatssekretärs Johann Edler von Braun vom 10. November 1918 in: Bildagentur bpk images, Berlin, Bild-Nr. 30040356.
13 Sitzung von Kabinett und Zentralrat, 31. Dezember 1918; Die Regierung der Volksbeauftragten 1918/19. Zwei Teile, eingeleitet von ERICH MATTHIAS, bearb. von SUSANNE MILLER unter Mitwirkung von HEINRICH POTTHOFF, Düsseldorf 1969, Teil 2, S. 163.
14 Friedrich Ebert 1871–1925, S. 129.
15 Notizen in: EBERT, Schriften 2, S. 107.
16 Der von Ebert als »Reichskanzler« unterzeichnete Aufruf vom 9. November 1918 in: Friedrich Ebert 1871–1925, S. 128.
17 Die Regierung der Volksbeauftragten 1 [wie Anm. 13], S. 153.
18 MÜHLHAUSEN (Hg.), Ebert – Reden, S. 67.

19 Kabinettssitzung vom 21. November 1918; Die Regierung der Volksbeauftragten 1 [wie Anm. 13], S. 115.
20 Friedrich Ebert 1871–1925, S. 120.
21 »Aufruf« der Revolutionsregierung vom 12. November 1918; Die Regierung der Volksbeauftragten 1 [wie Anm. 13], S. 37.
22 Ein Exemplar in: BarchK, N 1209/Nachlass Rudolf Wissell 48, Nr. 10877.
23 Allgemeiner Kongreß der Arbeiter- und Soldatenräte Deutschlands. Vom 16. bis 21. Dezember 1918 im Abgeordnetenhause zu Berlin. Stenographische Berichte. Eingeleitet von FRIEDRICH HELM und PETER SCHMITT-EGNER. Unveränderter Neudruck der Ausgabe Berlin 1919, Glashütten im Taunus 1972, Spalte 4.
24 »Vorwärts« Nr. 323 vom 24. November 1918.
25 »Vorwärts« Nr. 338 vom 9. Dezember 1918.
26 »Vorwärts« Nr. 336 vom 7. und Nr. 337 vom 8. Dezember 1918.
27 Allgemeiner Kongress [wie Anm. 23], Spalte 4.
28 GRZESINSKI, Kampf [wie Anm. 4], S. 96.
29 MICHAEL GEYER: Zwischen Krieg und Nachkrieg – die deutsche Revolution 1918/19 im Zeichen blockierter Transnationalität, in: GALLUS (Hg.), Die vergessene Revolution, S. 187–222, hier S. 202.
30 Auf der Kabinettssitzung am 13. Dezember 1918; Die Regierung der Volksbeauftragten 2 [wie Anm. 13], S. 374.
31 Ebd., S. 85.
32 OTTO LANDSBERG: Der Rat der Volksbeauftragten, in: Friedrich Ebert und seine Zeit, S. 183–209, hier S. 196.
33 Die Regierung der Volksbeauftragten 2 [wie Anm. 13], S. 142: Sitzung von Kabinett und Zentralrat, 28./29. Dezember 1918.
34 Nachweis dieses und der folgenden Zitate, zumeist aus dem Spartakusblatt »Die Rote Fahne« bei MÜHLHAUSEN, Ebert – Reichspräsident, S. 147 und S. 161.
35 Rede am 1. Dezember 1918; »Vorwärts« Nr. 331a vom 2. Dezember 1918.
36 Rede am 8. Dezember 1918; »Vorwärts« Nr. 338 vom 9. Dezember 1918.
37 AXEL SCHILDT: Der lange November – zur Historisierung einer deutschen Revolution, in: GALLUS (Hg.), Die vergessene Revolution, S. 223–244, hier S. 233.
38 »Vorwärts« Nr. 338 vom 9. Dezember 1918.
39 Deutscher Revolutions-Almanach für das Jahr 1919 über die Ereignisse des Jahres 1918, hg. von ERNST DRAHN und ERNST FRIEDEGG, Hamburg/Berlin o. J. [1919], S. 10.

Kap. III

1 Beratung am 14. Januar 1919; Die Regierung der Volksbeauftragten 2 [wie Kap. II, Anm. 13], S. 240.
2 MÜHLHAUSEN (Hg.), Ebert – Reden, S. 72.
3 »A« [Kürzel für ADOLF STEIN]: Friedrich der Vorläufige, die Zietz und die Anderen. Die Weimarer Nationalversammlung 1919 Februar/August 1919, Berlin 1919.
4 Ebert an Max von Baden, 6. Dezember 1923; Generallandesarchiv Karlsruhe, FAN 5997; Ausschnitt als Faksimile in: KRIMM (Hg.), Der Wunschlose [wie Kap. II, Anm. 2], S. 194.
5 Ministerratssitzung vom 12. Oktober 1921; Akten der Reichskanzlei. Die Kabinette Wirth I und II, bearb. von INGRID SCHULZE-BIDLINGMAIER, Boppard/Rh. 1973, S. 318.
6 Siehe zu den Vorwürfen in der Literatur: MÜHLHAUSEN, Ebert – Reichspräsident, S. 148 f.; MÜHLHAUSEN, Parteivorsitz, S. 62.
7 JOSEF [!] WIRTH: Die Festigung der Republik, in: Friedrich Ebert und seine Zeit, S. 303–336, hier S. 307.
8 Karikatur in: SONNABEND (Hg.), Darüber lacht die Republik, S. 37.
9 BarchB, R 601/399, pag. 88: Niederschrift über die Besprechung beim Reichspräsidenten mit den Parteiführern, 18. November 1922.
10 »Vorwärts« Nr. 288 vom 8. Juni 1920.
11 Müller auf einer Sitzung von Parteiausschuss, Parteivorstand und Reichstagsfraktion am 13. Juni 1920; Protokolle Parteiausschuss 2 [wie Kap. I, Anm. 18], S. 950.
12 Artikel zum Tod Cunos; »Frankfurter Zeitung« Nr. 8/9 vom 4. Januar 1933.
13 MAIK OHNEZEIT: Zwischen »schärfster Opposition« und dem »Willen zur Macht«. Die Deutschnationale Volkspartei (DNVP) in der Weimarer Republik 1918–1928, Düsseldorf 2011, S. 311.
14 Rede am 6. Dezember 1922 in Dessau; MÜHLHAUSEN (Hg.), Ebert – Reden, S. 270.
15 LEHNERT, Weimarer Republik, S. 132.
16 Ansprache vor Sozialdemokraten in Magdeburg, 28. Juli 1922; MÜHLHAUSEN (Hg.), Ebert – Reden, S. 222.
17 Ebert an Wilhelm Cuno, 14. Oktober 1920; Faksimile in: Friedrich Ebert 1871–1925, S. 164.
18 Stadtbibliothek Nürnberg: Undatierte handschriftliche Aufzeichnung Eberts.
19 Ebert (i. A. der Reichsregierung) an Heinrich Gerhard, 25. Januar 1919; Faksimile in: Deutscher Kolonialismus. Fragmente seiner Geschichte

und Gegenwart. Hg. vom Deutschen Historischen Museum, Berlin 2016, S. 238.
20 BarchB, R 601/209, Nr. 25: Undatierte Notizen Eberts für ein Interview.
21 MÜHLHAUSEN (Hg.), Ebert – Reden, S. 84.
22 »Vorwärts« Nr. 243 vom 13. Mai 1919.
23 Kabinettssitzung am 8. Mai; Akten der Reichskanzlei. Das Kabinett Scheidemann, bearb. von HAGEN SCHULZE, Boppard/Rh. 1971, S. 303.
24 So Ebert in der Ansprache an das Landesjägerkorps, 24. Juni 1919; MÜHLHAUSEN (Hg.), Ebert – Reden, S. 85.
25 Ebd., S. 86.
26 Brief an den schwedischen Ministerpräsidenten Hjalmar Branting, 16. April 1920; Faksimile in: Friedrich Ebert 1871–1925, S. 157.
27 Friedrich Ebert an seinen ehemaligen Büroleiter (1919) Rudolf Nadolny, 9. Februar 1922; PAAA, Nachlass Nadolny 86.
28 Ebert an den Heidelberger Christian Stock (SPD, vormals Mitglied der Nationalversammlung), 20. Mai 1921; vollständig in: MÜHLHAUSEN (Hg.), Ebert und seine Familie, S. 128.
29 PAAA, R 28040, pag. 42: Ebert an Gustav Krupp von Bohlen und Halbach, 24. Februar 1922.
30 So Ebert nach einem Bericht des Schweizer Gesandten Alfred von Planta; MÜHLHAUSEN, Ebert – Reichspräsident, S. 422.
31 So etwa im Brief an den vormaligen Chef der Heeresleitung, Walther Reinhardt, 8. Februar 1921; Hauptstaatsarchiv Stuttgart, Nachlass Reinhardt Bü 22 b.
32 Ministerratssitzung vom 5. April 1922; Akten der Reichskanzlei. Die Kabinette Wirth [wie Anm. 5], S. 686.
33 Zitiert bei MÜHLHAUSEN, Ebert – Sein Leben, S. 183.
34 BarchB, R 601/1288, pag. 4: Aufzeichnung über eine Besprechung Eberts mit Seeckt, 22. März 1920.
35 Rede vollständig in: MÜHLHAUSEN (Hg.), Ebert – Reden, S. 146.
36 Brief an Branting, 16. April 1920 [wie Anm. 26].
37 Ebert an Reichswehrminister Otto Geßler, 5. August 1921, Faksimile in: Friedrich Ebert 1871–1925, S. 170.
38 Rede vom 7. März 1923; MÜHLHAUSEN (Hg.), Ebert – Reden, S. 297.
39 Rede vom 28. April 1923; ebd., S. 315.
40 Aufruf zum Verfassungstag 1923 in: EBERT, Schriften 2, S. 313.
41 Rede vor Bergarbeiten in Hamm am 18. März 1923; MÜHLHAUSEN (Hg.), Ebert – Reden, S. 309.
42 Vgl. ebd., S. 286 ff. Die tatsächliche Rede sowie das Manuskript der nicht gehaltenen Ansprache sind dort vollständig abgedruckt; falsche Fassung ursprünglich publiziert in: EBERT, Schriften 2, S. 289 ff.

43 Vgl. für ihn und die SPD in dieser Phase jetzt auch: SIMON EBERT: Wilhelm Sollmann. Sozialist – Demokrat – Weltbürger (1881–1951), Bonn 2014.
44 Brief an Otto Wels, 14. April 1921, in: EBERT, Schriften 2, S. 216, und EBERT, Kämpfe, S. 20.
45 BarchB, R 601/182: SPD Bezirksverband Schleswig-Holstein an Ebert, 23. August 1922.
46 Rede in Kiel, 4. September 1922; MÜHLHAUSEN (Hg.), Ebert – Reden, S. 246.
47 Eidgenössische Technische Hochschule Zürich, Archiv für Zeitgeschichte, Nachlass Adolf Müller 6.10: Ebert an Müller, 29. Juni 1923.
48 »Vorwärts« Nr. 260 vom 22. Mai 1920.
49 Protokoll über die Verhandlungen des Parteitages der Sozialdemokratischen Partei Deutschlands, abgehalten in Kassel vom 10. bis 16. Oktober 1920, Berlin 1920 (Nachdruck Berlin u. a. 1973), S. 22.
50 MILLER, Sozialdemokratie als Lebenssinn, S. 116.
51 Wie Anm. 47.
52 Eberts Einschätzung von Stresemann in verschiedenen Variationen überliefert; diese bei MÜHLHAUSEN, Ebert – Reichspräsident, S. 701.
53 »Schleswig-Holsteinische Volks-Zeitung« Nr. 276 vom 26. November 1923; Eberts Zustimmung im Brief an Radbruch, 8. Dezember 1923, dieser in: Stiftung Reichspräsident-Friedrich-Ebert-Gedenkstätte, Heidelberg, Sammlung Ebert, Briefe, D I-2; siehe hier S. 6.
54 Rede vom 13. Oktober 1922; THOMAS MANN: Von deutscher Republik. Politische Schriften und Reden in Deutschland, Bd. 2, Frankfurt a. M. 1984, S. 133.
55 Zitate im Einzelnen nachgewiesen bei MÜHLHAUSEN, Ebert – Reichspräsident, S. 828 f.
56 Handschriftlicher Sinnspruch Eberts in »Das Illustrierte Blatt« (Frankfurt a. M.) Nr. 52 vom 26. Dezember 1922, S. 3.
57 Rede am 22. Oktober 1919; MÜHLHAUSEN (Hg.), Ebert – Reden, S. 131.
58 Brief an den Hamburger Senator Carl Petersen (DDP), 12. Oktober 1922; Staatsarchiv Hamburg, Bestand Petersen L 68.
59 EBERT, Schriften 2, S. 164.
60 Rede vom 20. Mai 1922; MÜHLHAUSEN (Hg.), Ebert – Reden, S. 202; vgl. auch KARL CHRISTIAN FÜHRER: Carl Legien (1861–1920). Ein Gewerkschafter im Kampf um ein »möglichst gutes Leben« für alle Arbeiter, Essen 2009, S. 7 ff.
61 Am 7. Januar 1920; MÜHLHAUSEN (Hg.), Ebert – Reden, S. 140.
62 BarchB, R 43 I/1863, pag. 88: Aufzeichnung über die Besprechung im Reichsamt des Innern vom 25. Januar 1919 über den Verfassungsentwurf.
63 »Münchner Post« Nr. 214 vom 15. September 1919.

64 »Stuttgarter Neues Tagblatt« Nr. 435 vom 29. August 1919.
65 Rede in Stuttgart am 28. August 1919; MÜHLHAUSEN (Hg.), Ebert – Reden, S. 97.
66 Am 1. September 1919; ebd., S. 113.
67 Interview in der »Frankfurter Zeitung« Nr. 69 vom 26. Januar 1919.
68 GÜNTER ARNS: Erich Koch-Wesers Aufzeichnungen vom 13. Februar 1919, in: Vierteljahrshefte für Zeitgeschichte 17 (1969), S. 96–115, hier S. 106.
69 »Tägliche Rundschau« Nr. 394 vom 5. September 1922.
70 So sein Parteifreund HERMANN WENDEL: Rund um Ebert, in: »Die Glocke« Nr. 31 vom 30. Oktober 1922, S. 793–796, hier S. 794.
71 ALEXANDER GALLUS: Die vergessene Revolution von 1918/19 – Erinnerung und Deutung im Wandel, in: DERS. (Hg.), Die vergessene Revolution, S. 14–38, hier S. 18.
72 MÜHLHAUSEN, Ebert – Reichspräsident, S. 781.
73 Artikel »Gruß dem Reichspräsidenten« im »Bremer Volksblatt« Nr. 205 vom 2. September 1922.
74 Brief an seine Nichte Frieda Ebert in Heidelberg, 7. Februar 1921; MÜHLHAUSEN (Hg.), Ebert und seine Familie, S. 127.
75 »Bayerischer Kurier« Nr. 244 vom 13. Juni 1922.
76 Interview im »Vorwärts« Nr. 275 vom 13. Juni 1922.
77 Rede in der Paulskirche am 18. Mai 1923; MÜHLHAUSEN (Hg.), Ebert – Reden, S. 318.
78 Beratung am 14. Januar 1919; Die Regierung der Volksbeauftragten 2 [wie Kap. II, Anm. 13], S. 225.
79 Rede zur Eröffnung der Nationalversammlung am 6. Februar 1919; MÜHLHAUSEN (Hg.), Ebert – Reden, S. 68.
80 Ebert an Branting, 16. April 1920 [wie Anm. 26].
81 »Prager Tageblatt« vom 3. November 1923, in: JOSEPH ROTH: Werke 1: Das journalistische Werk 1915–1923. Hg. von KLAUS WESTERMANN, Köln 1989, S. 1057.
82 »Chicago Daily Tribune« Nr. 146 vom 17. Juni 1924.
83 Ebert an den Sozialdemokraten Artur Molkenbuhr, 28. Januar 1920; Faksimile in: Friedrich Ebert 1871–1925, S. 150.
84 »Vorwärts« Nr. 340 vom 11. Dezember 1918; auch in: EBERT, Schriften 2, S. 127. Nahezu identische Fassungen in: »Berliner Tageblatt« Nr. 631 und »Vossische Zeitung« Nr. 681, beide vom 10. Dezember 1918; Rede als Flugblatt verteilt, ein Exemplar in der Fotosammlung des Deutschen Historischen Museums, Berlin.
85 MÜHLHAUSEN (Hg.), Ebert – Reden, S. 60.
86 Handschriftlicher Brief von Ebert, datiert 31. Dezember 1924, als Faksimile in der »ABZ« (Aktuelle Bilder-Zeitung) vom 4. März 1925, S. 4.
87 In der Schrift: Eberts Prozeß. Von einem der dabei war: »A« [ADOLF STEIN], Berlin o. J. [1925], S. 30.

88 Friedrich Ebert an den vormaligen SPD-Reichstagsabgeordneten Albert Südekum, 31. Mai 1921 (ursprünglich Privatbesitz Max Bloch, nunmehr dem Bundesarchiv in Koblenz übergeben, dort in N 1190/Nachlass Südekum).
89 Rede am 27. Juni 1922; MÜHLHAUSEN (Hg.), Ebert – Reden, S. 214.
90 »Frankfurter Zeitung« Nr. 145 vom 25. Februar 1925.

Epilog

1 Leitspruch in Handschrift, veröffentlicht in der »Illustrierten Zeitung« (Leipzig) Nr. 3947 vom 20. Februar 1919, später auch auf einer Porträtkarte verewigt.
2 MÜHLHAUSEN (Hrsg.), Ebert – Reden, S. 89.
3 Vgl. WALTER MÜHLHAUSEN: Friedrich Ebert 1871–1925, in: CHRISTIAN KRELL (Hg.): Vordenkerinnen und Vordenker der Sozialen Demokratie. 49 Porträts, Bonn 2015, S. 92–98.
4 »Vorwärts« Nr. 99 vom 28. Februar 1930.
5 »Vorwärts« Nr. 192 vom 14. Juli 1915.
6 Sozialdemokratischer Parteitag 1924. Protokoll mit dem Bericht der Frauenkonferenz, Berlin 1924 (Nachdruck Berlin u. a. 1974), S. 133.
7 Jüngster Überblick: WALTER MÜHLHAUSEN: Friedrich Ebert in der politischen Erinnerung und in der historischen Forschung, in: DREYER/BRAUNE (Hg.), Weimar als Herausforderung, S. 159–174.
8 »Vorwärts« Nr. 70 vom 11. Februar 1925.

Nachweis der Zitate

Seite 10: MÜHLHAUSEN (Hg.), Ebert – Reden, S. 75.
Seite 15: Allgemeiner Kongreß der Arbeiter- und Soldatenräte [wie Kap. II, Anm. 23], Spalte 4.
Seite 23: »Bremer Bürger-Zeitung« Nr. 266 vom 13. November 1902.
Seite 26: Verh. RT, Bd. 314 (StB), S. 6166.
Seite 30: Protokoll über die Verhandlungen des Parteitages der Sozialdemokratischen Partei Deutschlands. Abgehalten zu Nürnberg vom 13. bis 19. September 1908 sowie Bericht über die 5. Frauenkonferenz am 11. und 12. September 1908 in Nürnberg, Berlin 1908 (Nachdruck Berlin/Bonn 1982), S. 413.
Seite 41: Die Reichstagsfraktion 2 [wie Kap. I, Anm. 43], S. 121.
Seite 45: Der Hauptausschuß des Deutschen Reichstags 1915–1918. Eingeleitet von REINHARD SCHIFFERS. Bearb. von REINHARD SCHIFFERS und MANFRED KOCH in Verbindung mit HANS BOLDT, Bd. 3: 118–190. Sitzung 1917, Düsseldorf 1981, S. 1484.
Seite 50: Verh. RT, Bd. 314 (StB), S. 6165.
Seite 52: Postkarte mit Handschrift Eberts; siehe hier S. 53.
Seite 59: MÜHLHAUSEN (Hg.), Ebert – Reden, S. 141.
Seite 61: Ebd., S. 66.
Seite 65: Die Regierung der Volksbeauftragten 1 [wie Kap. II, Anm. 13], S. 180.
Seite 70: Allgemeiner Kongreß der Arbeiter- und Soldatenräte [wie Kap. II, Anm. 23], Spalte 4.
Seite 79: MÜHLHAUSEN (Hg.), Ebert – Reden, S. 60.
Seite 82: Brief an Ottilie Seppich, 17. März 1919; MÜHLHAUSEN (Hg.), Ebert und seine Familie, S. 115.
Seite 88: MÜHLHAUSEN (Hg.), Ebert – Reden, S. 73.
Seite 97: EDUARD HEILFRON (Hg.): Die Deutsche Nationalversammlung im Jahre 1919 in ihrer Arbeit für den Aufbau des neuen deutschen Volksstaates, Berlin o. J. [1919], Bd. 1, S. 213.
Seite 106: MÜHLHAUSEN (Hg.), Ebert – Reden, S. 133.
Seite 114: Friedrich Ebert 1871–1925, S. 156.
Seite 124: MÜHLHAUSEN (Hg.), Ebert – Reden, S. 246 f.
Seite 130: »Das Illustrierte Blatt« (Frankfurt a. M.) Nr. 52 vom 26. Dezember 1922, S. 3.

Seite 141: »Vorwärts« Nr. 275 vom 13. Juni 1922.
Seite 143: MÜHLHAUSEN (Hg.), Ebert – Reden, S. 68.
Seite 150: Faksimile in: »ABZ« (Aktuelle Bilder-Zeitung) vom 4. März 1925.
Seite 152: Ebert an Hauptmann, 3. Juli 1922; Staatsbibliothek Preußischer Kulturbesitz, Berlin, Handschriftenabteilung, Nachlass Gerhart Hauptmann/Briefe.
Seite 156: Die Regierung der Volksbeauftragten 1 [wie Kap. II, Anm. 13], S. 215.
Seite 159: MÜHLHAUSEN (Hg.), Ebert – Reden, S. 72.
Seite 160: Ebd., S. 246.
Seite 162: »Vorwärts« Nr. 243 vom 13. Mai 1919.

Quellen und Literatur

Ein Nachlass von Friedrich Ebert ist nicht überliefert. Zahlreiche seiner privaten Papiere vernichtete er selbst; der Rest verbrannte überwiegend bei einem Bombenangriff im Zweiten Weltkrieg. Erhalten geblieben sind einige persönliche Schriftstücke, die vor allem im Archiv der sozialen Demokratie (Bonn) lagern. Seine Dienstakten als Reichspräsident befinden sich, jedoch unvollständig, im Bundesarchiv Berlin (Bestand R 601, Reichspräsidialkanzlei).

Gedruckte Quellen

BUSE, DIETER K.: Parteiagitation und Wahlkreisvertretung. Eine Dokumentation über Friedrich Ebert und seinen Reichstagswahlkreis Elberfeld-Barmen 1910–1918, Bonn 1975

EBERT, FRIEDRICH: Schriften, Aufzeichnungen, Reden. Mit unveröffentlichten Erinnerungen aus dem Nachlaß, 2 Bde., Dresden 1926

EBERT, FRIEDRICH: Kämpfe und Ziele. Mit einem Anhang: Erinnerungen von seinen Freunden, Dresden o. J.

MÜHLHAUSEN, WALTER (Hg. unter Mitarbeit von BERND BRAUN): Friedrich Ebert und seine Familie. Private Briefe 1909–1924, München 1992

MÜHLHAUSEN, WALTER (Hg.): Friedrich Ebert – Reden als Reichspräsident (1919–1925), Bonn 2017

SCHULZ, URSULA: Friedrich Ebert in Bremen. Aus seinem parlamentarischen Wirken 1900 bis 1905, Bremen 1963

SCHULZ, URSULA: Die Bremer Anfänge Friedrich Eberts. Eine Dokumentation, Bremen 1968

Weiterführende Literatur (Auswahl)

BESSON, WALDEMAR: Friedrich Ebert. Verdienst und Grenze, Göttingen 2. Aufl. 1970

BIRKENFELD, WOLFGANG: Der Rufmord am Reichspräsidenten. Zu Grenzformen des politischen Kampfes gegen die frühe Weimarer Republik 1919–1925, in: Archiv für Sozialgeschichte 5 (1965), S. 453–500

BOLLMEYER, HEIKO: Der steinige Weg zur Demokratie. Die Weimarer Nationalversammlung zwischen Kaiserreich und Republik, Frankfurt a. M. 2007

BRANDT, PETER/LEHNERT, DETLEF: »Mehr Demokratie wagen«. Geschichte der Sozialdemokratie 1830–2010, Berlin 2013

BRAUN, BERND/MÜHLHAUSEN, WALTER (Hg.): Vom Arbeiterführer zum Reichspräsidenten. Friedrich Ebert (1871–1925). Katalog zur ständigen Ausstellung in der Reichspräsident-Friedrich-Ebert-Gedenkstätte, Heidelberg 2012

BRAUN, BERND: Die Reichskanzler der Weimarer Republik. Von Scheidemann bis Schleicher, Stuttgart 2013

BRAUN, BERND: Die Weimarer Reichskanzler – Zwölf Lebensläufe in Bildern, Düsseldorf 2011

BRAUN, BERND: Die »Generation Ebert«, in: KLAUS SCHÖNHOVEN/BERND BRAUN (Hg.): Generationen in der Arbeiterbewegung, München 2005, S. 69–86

BÜTTNER, URSULA: Die überforderte Republik 1918–1933. Leistung und Versagen in Staat, Gesellschaft, Wirtschaft und Kultur, Stuttgart 2008

BUSE, DIETER K.: Friedrich Ebert – Sein Weg zum Politiker von nationaler Bedeutung (1915–1918), Heidelberg 2. Aufl. 1994

DREYER, MICHAEL/BRAUNE, ANDREAS (Hg.): Weimar als Herausforderung. Die Weimarer Republik und die Demokratie im 21. Jahrhundert, Stuttgart 2016

Friedrich Ebert und seine Zeit. Ein Gedenkwerk über den ersten Präsidenten der deutschen Republik, Berlin-Charlottenburg o. J. [1926]

Friedrich Ebert 1871–1925. Mit einem einführenden Aufsatz von PETER-CHRISTIAN WITT, Bonn 2. Aufl. 1980

FÜHRER, KARL CHRISTIAN u. a. (Hg.): Revolution und Arbeiterbewegung in Deutschland 1918–1920, Essen 2013

GALLUS, ALEXANDER (Hg.): Die vergessene Revolution von 1918/19, Göttingen 2010

GREBING, HELGA: Friedrich Ebert – Von der Verantwortung für die Demokratie in Deutschland, Heidelberg 1996

GREBING, HELGA: Die Rezeption Eberts im Wandel: Historiografische und persönliche Rückblicke, in: Mitteilungsblatt des Instituts für soziale Bewegungen 45 (2011), S. 153–162

GUSY, CHRISTOPH: Die Weimarer Reichsverfassung, Tübingen 1997

KOLB, EBERHARD/SCHUMANN, DIRK: Die Weimarer Republik, München 8. Aufl. 2013

KOLB, EBERHARD (Hg.): Friedrich Ebert als Reichspräsident. Amtsführung und Amtsverständnis, München 1997

KÖNIG, RUDOLF / SOELL, HARTMUT / WEBER, HERMANN (Hg.): Friedrich Ebert und seine Zeit. Bilanz und Perspektiven der Forschung, München 2. Aufl. 1991

KOTOWSKI, GEORG: Friedrich Ebert. Eine politische Biographie, Bd. 1: Der Aufstieg eines deutschen Arbeiterführers 1871 bis 1917, Wiesbaden 1963

KRUKE, ANJA / WOYKE, MEIK (Hg.): Deutsche Sozialdemokratie in Bewegung. 1848 – 1863 – 2013, Bonn 2012

LEHNERT, DETLEF: Die Weimarer Republik. Parteienstaat und Massengesellschaft, Stuttgart 1999

MILLER, SUSANNE: Demokratie als Lebenssinn. Aufsätze zur Geschichte und Gegenwart der SPD. Zum 80. Geburtstag hg. von BERND FAULENBACH, Bonn 1995

MOMMSEN, HANS: Friedrich Ebert als Reichspräsident, in: DERS.: Arbeiterbewegung und Nationale Frage. Ausgewählte Aufsätze, Göttingen 1979, S. 296–317

MOMMSEN, HANS: Aufstieg und Untergang der Republik von Weimar. 1918–1933, Berlin 2. Aufl. 2004

MORING, KARL-ERNST: Die Sozialdemokratische Partei in Bremen 1890–1914. Reformismus und Radikalismus in der Sozialdemokratischen Partei Bremens, Hannover 1968

MÜHLHAUSEN, WALTER: Friedrich Ebert – Sein Leben, sein Werk, seine Zeit. Begleitband zur ständigen Ausstellung in der Reichspräsident-Friedrich-Ebert-Gedenkstätte, Heidelberg 1999

MÜHLHAUSEN, WALTER: Die Republik in Trauer. Der Tod des ersten Reichspräsidenten Friedrich Ebert, Heidelberg 2005

MÜHLHAUSEN, WALTER: Friedrich Ebert 1871–1925. Reichspräsident der Weimarer Republik, Bonn 2. Aufl. 2007

MÜHLHAUSEN, WALTER: Der Reichspräsident zwischen Tradition und Moderne. Zur Rolle Friedrich Eberts in der Republik von Weimar, in: UTE SCHNEIDER / LUTZ RAPHAEL (Hg.): Dimensionen der Moderne, Frankfurt a. M. 2008, S. 331–346

MÜHLHAUSEN, WALTER: Im Visier der Fotografen – Reichspräsident Friedrich Ebert im Bild, Heidelberg 2009

MÜHLHAUSEN, WALTER: Die Republik entblößt. Das Badehosen-Foto von Friedrich Ebert und Gustav Noske, in: GERHARD PAUL (Hg.): Das Jahrhundert der Bilder 1900 bis 1949, Göttingen 2009, S. 236–243

MÜHLHAUSEN, WALTER: Der Typus Ebert – Anmerkungen zur Biografie des Parteiführers im Staatsamt der Weimarer Republik, in: Mitteilungsblatt des Instituts für soziale Bewegungen 45 (2011), S. 85–104

MÜHLHAUSEN, WALTER: Friedrich Ebert (1871–1925): Vom Parteivorsitz zur Reichspräsidentschaft, in: PETER BRANDT / DETLEF LEHNERT (Hg.): Sozialdemokratische Regierungschefs in Deutschland und Österreich 1918–1983, Bonn 2017, S. 49–77

MÜNCH, RONALD A.: Von Heidelberg nach Berlin. Friedrich Ebert 1871–1905, München 1991

PEUKERT, DETLEV J. K.: Die Weimarer Republik. Krisenjahre der klassischen Moderne, Frankfurt a. M. 1987

PYTA, WOLFRAM: Die Präsidialgewalt in der Weimarer Republik, in: MARIE-LUISE RECKER (Hg. unter Mitarbeit von ELISABETH MÜLLER-LUCKNER): Parlamentarismus in Europa. Deutschland, England und Frankreich im Vergleich, München 2004, S. 65–95

SCHÖNHOVEN, KLAUS: Reformismus und Radikalismus. Gespaltene Arbeiterbewegung im Weimarer Sozialstaat, München 1989

SONNABEND, GABY: Darüber lacht die Republik. Friedrich Ebert und »seine« Reichskanzler in der Karikatur. Begleitband zur Ausstellung, Heidelberg 2. Aufl. 2014

WINKLER, HEINRICH AUGUST: Von der Revolution zur Stabilisierung. Arbeiter und Arbeiterbewegung in der Weimarer Republik 1918 bis 1924, Berlin/Bonn 1984

WINKLER, HEINRICH AUGUST: Der Schein der Normalität. Arbeiter und Arbeiterbewegung in der Weimarer Republik 1924 bis 1930, Berlin/Bonn 1985

WINKLER, HEINRICH AUGUST: Weimar 1918–1933. Die Geschichte der ersten deutschen Demokratie, München 2. Aufl. 1994

WIRSCHING, ANDREAS: Die Weimarer Republik. Politik und Gesellschaft, München 2000

WITT, PETER-CHRISTIAN: Friedrich Ebert. Parteiführer – Reichskanzler – Volksbeauftragter – Reichspräsident, Bonn 4. Aufl. 2008

Abbildungsnachweis

Archiv der sozialen Demokratie, Bonn: Umschlag/außen, S. 19; S. 28; S. 43; S. 91; S. 100; S. 118; S. 132; S. 148
Bildagentur für Kunst, Kultur und Geschichte (bpk), Berlin: S. 139 (Nr. 30021064)
Bundesarchiv Berlin: S. 8 (Bild Y-1-26970)
Bundesarchiv Koblenz: S. 70 (Bild 183-R94937); S. 77 (Bild 146-2013-0087); S. 105 (Bild 102-00633); S. 112 (Bild 146-1972-031-32); S. 134 (Bild 146-1989-054-18); S. 157 (Bild 102-00488)
Deutsches Historisches Museum, Berlin: S. 63 (F 60/2633)
Deutsches Museum München, Archiv: S. 125 (CD_56899)
Library of Congress, Washington D. C. (USA): S. 2; S. 160
National Archives, College Park (USA): S. 80
Stadtarchiv Weimar: S. 87 (631-M/1)
Stiftung Reichspräsident-Friedrich-Ebert-Gedenkstätte, Heidelberg: S. 6; S. 12; S. 16; S. 37; S. 45; S. 53 (Leihgabe Friedrich Winterhager, Hildesheim); S. 54; S. 96; S. 116; S. 142; S. 146 (1 u. 2.); S. 153; S. 154, S. 162

Personenregister